멘토링 교회 이야기

| 김호연 외 |

쿰란출판사

멘토링
교회
이야기

 추천사

　그리스도인의 삶의 목적은 하나입니다. 그것은 바로 하나님의 영광을 위해 사는 삶입니다. 코로나19 바이러스 확산으로 사회적 거리는 너와 나 사이를 너무나 자연스럽게 갈라놓았고 교회 역시 예외는 아니었습니다.
　이때 초대교회의 본질을 바탕으로 자리매김한 성민교회는 예수님 사역의 동심원인 멘토링 목회와 지역과 함께 가는 교회로서 시대적 소명을 실현해갔습니다. 특별히 코로나19 바이러스로 이웃들은 울타리를 높이 쌓아 올려 단절 그 자체였습니다. 소외되고 위기에 노출된 가정들의 안전망이 무너질 때 성민교회는 지역민들에게 사랑의 문을 활짝 열었습니다.

　성민교회 뜰에는 3GO 냉장고가 있습니다. '나누고, 베풀고, 함께 하고'의 세 가지 의미를 가지고 누구든지 반찬과 식료품을 가져갈 수 있으며 남는 물품들은 가져다 놓기도 합니다.
　사) 지구촌 사랑의 쌀 나눔 재단의 군산지부로서 작년 7월에 개소된 이후, 은퇴 목회자들과 배고픈 이들에게 쌀을 나누는 아름다운 이야기가 샘솟는 곳이 성민교회입니다. 깊은 산속이 아님에도 여

기는 도심 속에 옹달샘 노릇을 하는 음용 냉장고와 온장고를 준비하여 환경미화원, 택배기사, 우체부 등 지역을 위해 수고하는 이들의 갈증을 해소해 줍니다. 코로나19로 인하여 닫혔던 복음의 문들이 열리고 영혼을 구원하는 건강한 교회가 바로 성민교회입니다.

　이 지면을 통해 사단법인 지구촌 사랑의 쌀 나눔 재단 이사장으로서 이번에 발간되는 《멘토링 교회 이야기》가 이 시대의 교회 방향성을 제시해 준다고 여겨져 기쁜 마음으로 추천합니다.
　이 책을 읽는 모든 분들에게 교회의 희망의 불꽃이 일어나기를 소망하여 권해드립니다.

2022년 10월
사) 지구촌 사랑의 쌀 나눔 재단 이사장
이선구 목사

 추천사

코로나로 인해 온 세계가 혼란에 빠져 어수선하고 힘든 가운데 있습니다. 교회들 역시 많은 어려움을 호소하고 있는 가운데 우리 그리스도인들은 본질에 더욱 다가서야 할 것입니다.

여기서 말하는 본질이란, "하나님을 사랑하며, 이웃을 사랑함으로 하나님께 영광을 돌리는 것"을 말합니다. 이것이 길이요 진리이며 생명 되시는 예수님께서 이 땅에 오셔서 행하신 사역의 모습입니다.

이처럼 '멘토링 목회'는 교회와 목회사역의 본질이라 할 수 있겠습니다. 성경에서는 "우리가 그를 전파하여 각 사람을 권하고 모든 지혜로 각 사람을 가르침은 각 사람을 그리스도 안에서 완전한 자로 세우려 함이니"(골 1:28)라고 말씀합니다. 주님께서 행하셨던 사역의 길을 따라, 한 영혼 한 영혼을 향한 우리의 목양이 실현되어야 합니다. 그리고 제자가 된 성도들이 이웃을 사랑하며 섬기는 삶이야말로 최고의 섬김이요 봉사요 영적 사역임을 인식하고 그 사역에 집중해야 할 때입니다.

그동안 한국교회는 '일' 중심의 사역에 집중해 왔습니다. 그러나 이제는 '사역'(사람을 세우는 일) 중심으로 전환되어야 합니다. '일'이 봉사와 헌신이며 수행해야 하는 기능적 수고라고 한다면, '사역'은 하나님의 사람을 주님의 제자가 되게 하고 그가 또 다른 사람을 주님의 제자로 세워가는 것입니다(딤후 2:1~2).

성민교회는 '작지만 큰 교회'입니다. 그 영향력이 점점 한국교회를 향하여 도전하며 일깨우고 있습니다. 그렇게 할 수 있는 이유는 본질적 사역에 집중하기 때문입니다. 벌써 두 번째 책이 출간된다는 사실에 감격과 놀라움을 금할 수 없습니다.

성민교회는 한국교회의 중소형교회에 희망의 불꽃을 피우기 위한 모형적 교회로 자라며 건강한 교회로 세워져 가고 있습니다. 초대교회의 안디옥교회와 바울서신에 등장하는 데살로니가에 있는 교회처럼 성민교회의 놀라운 선한 영향력이 한국교회에 '새로운 교회'로서의 이정표가 될 것을 조금도 의심하지 않습니다.

안주하지 않고, 쉼 없이 본질적 사역에 집중하는 김호연 목사님과 본질적 목회의 전환에 능동적이며 적극적으로 동역한 당회원들,

무엇보다 믿음 안에서 주님을 대하듯 목회자의 사역에 한결같은 마음으로 함께 동역하고 영적 멘토로 자라가며 성숙하는 성민교회 교우들이 이루어낸 《멘토링 교회 이야기》입니다.

성민교회의 이야기가 우리 한국교회의 이야기가 되기를 진심으로 바랍니다.

2022년 10월
목회컨설팅연구소 소장
김성진 목사

 추천사

《작은 교회 큰 이야기》의 2편인 《멘토링 교회 이야기》 발간을 축하드립니다.

"변화의 잎이 샛노란 색 안에 연둣빛으로 올라오는…"이라는 구절이 마음을 흔들었습니다. 추운 겨울을 지나 봄에 움트는 새싹을 보면 우리 눈에 당장 보이는 것이 전부가 아님을 깨닫게 됩니다. 코로나 시대를 지나면서 우리가 할 수 있는 것이 별로 없고 우리 눈에 보이던 것들조차 사라져 감을 경험할 때도 하나님은 여전히 일하셔서 우리가 미처 보지 못하는 것들을 보게 하시고 새로운 비전을 갖게 하심을 알게 됩니다.

'인생의 멘토를 세우는 교회'로의 새로운 시작에 동행하는 하나하나의 큰 이야기들이 감동을 줍니다. 무거움, 부담스러움, 후회스러움, 부끄러움에서 자랑스러움, 깨달음, 행복함, 기쁨, 감사함으로 성장하고 변화하는 모습들이 뭉클함을 주었습니다.

공유 냉장고의 매력에도 푹 빠졌습니다.
성민교회가 품은 '3GO의 가치 & 같이'를 응원하며 지역사회와 함께 가는 교회로서 사회적 책임(CSR)을 잘 감당하여 하나님께 영광 돌릴 수 있기를 기원합니다. 연둣빛 새싹들이 자라나 푸르고 푸른 그리스도의 계절이 올 때까지 믿음의 경주를 온전히 잘 감당하는 성민교회가 되기를 기도합니다.

"나에게 이르시기를 내 은혜가 네게 족하도다 이는 내 능력이 약한 데서 온전하여짐이라 하신지라 그러므로 도리어 크게 기뻐함으로 나의 여러 약한 것들에 대하여 자랑하리니 이는 그리스도의 능력이 내게 머물게 하려 함이라"(고후 12:9).

2022년 10월
사) 전국지역아동센터 이사장
남세도 목사

 **추천사**

세상에는 다양하고도 많은 교회가 곳곳에 세워져 있습니다.
그러나 끊임없이 건강함과 주님을 아름답게 담아내기 위하여 몸짓하는 교회는 많지 않습니다. 교회가 힘을 잃어 가고 있는 이때에 하나님의 백성과 교회를 향하여 "교회란 무엇인가?"를 묻게 하는 멋진 책이 나와서 진심으로 기쁘고 감사한 마음입니다.

코로나19는 한국교회에 큰 위기를 초래했고 방향을 잃게 만들었습니다.
그러나 위기는 새로운 기회이며 변화에 둔감한 교회를 향하여 강력한 변화를 요구하고 있습니다. 또한 자정 능력을 상실한 교회를 향해 근원적 성찰과 예배와 삶의 일치를 통해 참된 복음을 전하고 그리스도의 지극한 사랑의 실제를 요구하고 있습니다. 이러한 가볍지 않은 요구를 아름답게 담아내는 성민교회 성도님과 김호연 목사님의 모습을 보니 주님의 얼굴을 뵙는 것처럼 감당할 수 없는 기쁨과 행복으로 나아옵니다.

주님께 시선을 고정하고, 끊임없이 혁신을 추구하며, 마을 속에서 주님의 형상을 드러내고자 몸짓하고, 한 사람 한 사람을 주님의 제자로 세워가고자 뜨겁게 달려가는 성민교회의 《멘토링 교회 이야기》가 이 땅의 교회에 작은 울림과 위로와 새로운 시작의 자극이 되기를 간절히 소망하며 이 책을 기쁨으로 추천합니다.

2022년 10월
누리보듬선교회 대표
오순종 목사

 프롤로그_ 인생의 멘토를 세우는 교회 이야기

•

아이는 걸음마를 시작할 때 한 발을 내딛다가 어떻게 해야 할지 몰라 주저앉는다. 아이가 포기하지 않고 곧 일어나서 시선을 엄마에게 고정한 채 다시 한 걸음을 떼다가 두 걸음, 세 걸음이 되면 어느새 걷기도 하고 뛰기도 한다. 돌아보니 넘어져 울던 아이가 꼭 내 모습이고 우리 교회의 모습 같다. 포기할 수 없어 두 팔에 힘을 주고 시선을 주께 고정하고 일어나 걷다 보니 오늘이 되었다.

행복에 대한 정의는 사람마다 다르지만 누구와 함께하느냐에 따라 행복의 정의가 달라진다. 엘리노어 루즈벨트는 "행복은 목적지가 아니라 잘 살고 있는 삶의 부산물이다"라고 말했다. 꽃들이 빛을 향해 고개를 돌리듯이 모든 사람은 필연적으로 안전하고 번성하며 자유로운 것을 추구한다. 왜냐하면 그것이 행복인 줄 알기 때문이다.

코로나19 바이러스의 위력은 국내외적으로 대단했다. 너 나 할 것 없이 조심스러운 두려움을 안은 채 예배하고, 말 걸기조차 꺼려지는 생전 처음 경험하는 때를 지나가고 있다. 희망의 부재 속에서 공동체 가족들이 격리되었다는 소식을 매일 전해 듣는다. 공동체 가족들이 격리된 아이들의 가정을 찾아가 현관 앞에 생필품과 사랑의 마음들을 걸어놓고 돌아 나오는 발걸음 소리가 경쾌하다. 그리스도의 사랑의 몰약이 문빗장에 뚝뚝 떨어진다.

이제는 사회적 거리두기가 해제되고 사람들이 줄지어 밖으로 나가기 시작한다. 코로나19 팬데믹 시대에 교회의 해법은 어디 있을까? 대형교회들은 그 해법을 발 빠르게 찾아 나서지만, 시스템이 열악한 작은 교회들은 술렁이다가 사회적 거리두기가 해제되고 나서야 겨우 종교단체에 식사를 허락한다는 정부의 허가를 받는다. 기가 막힌 것은 정부가 밥을 먹으라 하면 먹고, 먹지 말라 하면 못 먹게 된다는 사실이다. 그래도 이 또한 지나갔으면 한다.

바람의 방향과 세기가 바뀐 오늘, 감사하고 또 감사한 것은 그냥 쳐다보고만 있지 않음이다. 이 바람의 방향을 알려준 목회컨설팅연구소 김성진 소장님에게 감사한다. "내가 네게 보여줄 땅으로 가라"(창 12:1하)고 이르신 것처럼 보채지 않는 걸음으로 월요일 아침이면 어김없이 심비에 새길 만한 양식들을 곱씹어 체하지 않게 먹이고 안내해 줌에 또 한 번 도전할 용기가 주어졌다.

창립 33주년 기념집으로 《작은 교회 큰 이야기》를 발간했고, 올

해는 멘토링 목회 정착기를 꾸밈없이 담아보았다. 부족하지만 우리 교회 멘토링 이야기를 엮은 것은 그래도 교회가 희망이고 예수님 사역의 동심원이 멘토링이었기 때문이다.

2021년 '인생의 멘토를 세우는 교회'로 출발하여 어린아이처럼 한 걸음씩 내디딘 지 첫돌이 되었다. 1mm의 눈금이 너무나 작아서 확연하지 않지만, 변화의 잎이 샛노란 색 안에 연둣빛으로 올라오는 것을 발견한 오늘이 더욱 감사하다. 멘토와의 만남을 기다리며 목양실을 노크하는 그 떨림의 여운이 오래도록 머물고, 고즈넉한 저녁 커피숍으로 들어서는 부부의 모습이 아름답기 그지없다. 여기에 그 변화의 이야기를 성령 안에서 조심스럽게 써 내려가고자 깊은 밤 찬양으로 마음을 싣고 또 떠난다.

예수님과의 동행을 꿈꾸며 26년은 사모로, 17년은 목사로 사역을 해왔다. 이제는 그동안의 사역을 뒤돌아보고 정리해 보려고 한다. 형편없이 부족한 사역이었지만 남은 달려갈 길을 위해 필요한 일이라고 생각했다. 멘토링 목회에 관심을 가지고 전환하려는 선택의 갈

림길에 있는 후배 사역자들, 혹은 동역자들에게 멘토링 교회 이야기가 작은 도움이라도 된다면 더할 나위 없는 기쁨이겠다.

제1장 '건강한 부흥, 도약의 기회'는 성민교회의 시작과 고난 중에도 오늘의 멘토링 목회까지 인도하신 하나님의 역사하심을 나누는 이야기다.

제2장 '작지만 건강한 교회 이야기'는 멘토링 목회 체계로 변화하며 성장과 변화를 경험하는 목회자와 평신도 사역의 건강하고 생생한 이야기다.

제3장 '선순환의 고수가 되기 위하여'는 부족한 목사가 멘토가 되어 멘티들과의 떨리는 첫 만남에서 발견한 이야기들이다.

제4장은 '인생의 멘토가 되는 첫 이야기'로 멘토와 멘티가 만남을 거듭하며 서로의 삶 속에서 피어나는 작은 변화의 기적들을 나누고 의미 있는 도전이 지속적으로 일어나기를 기대하는 이야기다.

제5장 '교회의 사회적 책임 CSR, 3GO의 가치 & 같이'에서는 교회가 사회적 책임을 감당해야 할 사회봉사의 사명을 실천하려는 섬김과 나눔의 사업들을 모았다.

제6장 '성민 153 아침편지'는 목회자와 성도 간의 삶 속에서 나누고자 5년여 동안 매일 아침 묵상 편지를 보냈던 것들 중 몇 편을 실은 내용이다.

끝으로 모든 교회의 멘토가 되시는 예수 그리스도와 그를 닮아가고자 노력하는 모든 멘토들과 멘티들에게 감사한다. 이 책을 위해 도움을 주신 분들, 당회와 사역자들에게 감사드린다. 멘토링 목회로 전환하고 비록 작지만 건강한 교회로서 그 지역에 세워져야 할 바로 그 교회를 위해 코칭해 주신 목회컨설팅연구소 김성진 소장님에게 감사를 드린다.
무엇보다 부족한 사람과 작은 교회가 도전을 할 수 있도록 용기를 주신 하나님께 감사와 모든 영광을 돌린다.

2022년 10월
김호연 목사

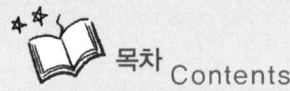
목차 Contents

추천사 이선구 목사_ 사) 지구촌 사랑의 쌀 나눔 재단 이사장 4
김성진 목사_ 목회컨설팅연구소 소장 6
남세도 목사_ 사) 전국지역아동센터 이사장 9
오순종 목사_ 누리보듬선교회 대표 11

프롤로그 인생의 멘토를 세우는 교회 이야기 13

1장 / 건강한 부흥, 도약의 기회

Chapter 01 '오직 예수'를 슬로건으로
성민교회 첫걸음이 시작되다 _ 24

Chapter 02 두 번째 성전에서 들려오는
메뚜기들의 합창 _ 27

Chapter 03 새로운 변화의 기둥을 세우다 _ 31

Chapter 04 멘토링 목회 체계도를 세우다 _ 35

Chapter 05 지역과 함께 가는 교회 _ 47

2장 / 작지만 건강한 교회 이야기

Chapter 01 소통하는 리더십 _ 54

Chapter 02 행복과 사랑이 넘치는 사역 이야기 _ 59

Chapter 03 초대교회의 모습이 되어 _ 62

Chapter 04 다음 세대를 향한 비전 _ 66

Chapter 05 전설적인 성민 브랜드 _ 69

3장 / 선순환의 고수가 되기 위하여

Chapter 01 코로나19 틈새 이야기 _ 76

Chapter 02 감정 서랍 _ 79

Chapter 03 타인의 시선 _ 82

Chapter 04 생동감 발전기 _ 85

4장 / 인생의 멘토가 되는 첫 이야기

Chapter 01 새로운 땅에 발을 내딛다 _ 90
- 나의 멘토 _ 94
- 나의 작은 변화의 시작 _ 97
- 가능 _ 101
- 하나님을 알고 예수님을 배우다 _ 106

Chapter 02 당신의 일생 중에 _ 112
- 내게 멘토가 생겼어요 _ 116
- 나는 어떻게 살아왔는가? _ 120
- 다시 토양작업을 하다 _ 124
- 인생의 전환점 _ 128
- 감격, 감동, 하나님의 은혜 _ 133

5장 / 교회의 사회적 책임 CSR, 3GO의 가치 & 같이

Chapter 01 쓰리고 냉장고 _ 138

Chapter 02 사) 지구촌 사랑의 쌀 나눔 재단
군산지부 개설 _ 142

Chapter 03 미성동 옹달샘 _ 146

Chapter 04 하나님이 예비하신 천사들 _ 149

Chapter 05 누군가의 밑가지가 되는 기쁨 채집 _ 152

6장 / 성민 153 아침편지 _ 159

하나님을 찬미하며 또 온 백성에게 칭송을 받으니
주께서 구원 받는 사람을 날마다 더하게 하시니라
(행 2:47)

1장
건강한 부흥, 도약의 기회

Chapter 01

'오직 예수'를 슬로건으로
성민교회 첫걸음이 시작되다

●

　45년을 한결같이 인도하신 하나님께 감사와 영광을 돌린다. 철없는 20대 젊은 부부는 하나님의 부름에 사명선을 타고 고군산군도에 위치한 섬 비안도에 이삿짐을 풀고 문이 닫혀 있던 교회의 문을 열었다. 《죽으면 죽으리라》의 저자인 안이숙 여사의 '내일 일은 난 몰라요'라는 찬양을 사명곡으로 정하고 낯선 섬에 발을 내디뎠다.
　그 이후 30대에는 익산시 낭산면에 있는 북성교회에 부임하였다. 7년을 주께서 맡기신 목양에 전념했다. 1988년 5월 8일 '오직 예수'라는 일념으로 오롯이 예수님만을 바라보며 초등학교 2학년이던 딸, 일곱 살인 아들까지 네 식구가 함께 성민교회의 기초를 세웠다. 그렇게 성민교회는 태동하였다.
　첫 예배를 드리던 날, 그날의 온도와 냄새는 34년이 지난 오늘도 어제 일처럼 가슴 두근거림으로 느껴진다. 누군가 문을 열고 들어와 주기를, 혹시 기웃거리며 들어오지 못하는 이가 있는지 '거기 누구 없소' 하며 돌아보고 또 돌아보길 몇 번이나 했던가! 그렇게 18평짜리 작은 교회는 창립 예배를 드렸고, 예수님의 제자로 살아가기로 작정한 여정이 시작되었다.

작은 교회에 아이들이 몰려오고 밤마다 기도 소리로 성전을 채우며 하나님의 임재 가운데 작지만 큰 교회의 이야기가 시작됐다. 그리고 하나님의 인도하심과 허락하심에 따라 4년 만에 18평에서 대지 100평, 건평 80평의 교회를 건축했다.

건축을 위해 집사님들과 타 교회 성도님들의 귀한 헌신이 모였고, 조립식이었지만 우리는 좀 더 넓은 성전에서 하나님의 이야기를 만들어 갈 수 있었다. 이러한 여정 가운데 담임목사님의 간경화 선고, 교회 부채, 1998년 IMF 외환 위기가 겹쳐왔다. 작은 교회였던 성민교회는 예외 없이 위기를 맞이하게 되었다. 그러나 하나님은 20년 만에 또다시 교회를 움직여 주셨고 지금의 성전을 건축하도록 인도하셨다.

여기 한 청년의 헌신은 작은 교회에 큰 이야기를 써 가도록 가슴을 울린다. 연세대학교에 재학 중이었던 청년이 친구의 전도로 성민교회를 출석하게 된 이후, 졸업 때까지 성민교회에서 주일 예배를 드리는 초유의 기적 같은 큰 이야기였다. 그는 '아름다운 성전을 허락하심에 감사'하는 예물을 드리기 시작했다. 그는 전세금을 하나님께 드리고 월세를 자원했다.

또 어느 신혼부부는 가난한 과부가 두 렙돈을 넣었던 것처럼 '15평 원룸'을 갈 곳도 없이 눈물로 전부 드렸다. 이때도 하나님은 실수하지 않으시고 여호와 이레의 현장을 목격하게 하셨다.

그렇게 아름답게 건축된 교회가 3년을 넘어갈 때쯤 거센 풍랑과 대면해야 했다. 담임목사 故 고왕곤 목사의 소천과 이별, 대환란의 바람이 불어왔고 아무런 준비 없이 그렇게 스러져갔다고 해야 맞다. 그러나 하나님의 역사는 찬란하게 준비되었고 하나님만이 써 내려가는 동화는 '오직 예수!' 작지만 큰 이야기를 써 내려가는 초석이 되었다.

"이 집은 살아 계신 하나님의 교회요 진리의 기둥과 터니라"(딤전 3:15하).

Chapter 02

두 번째 성전에서 들려오는 메뚜기들의 합창

개척했던 18평 성전에서, 나운동의 100평 대지에 건평 80평 성전으로 확장하여 건축했을 때였다. 그때는 20평도 채 안 되는 목사관에서 7~8명의 청년들이 함께 먹고 자고 웃으며 양육을 받았다. 군대를 갓 제대하거나, 대학 졸업 후 취업을 준비하거나, 아직 할 일을 제대로 찾지 못했던 20대 건강한 청년들이 낮에는 아르바이트, 일용직 일터로, 혹은 도서관으로 나갔다가 저녁이면 돌아와서 한 상에 둘러앉아 김치찌개 하나면 국물도 남기지 않았던 때가 있었다.

젊은 故 고왕곤 목사는 때로는 청년들의 친구이자 선배로서, 때로는 아버지처럼, 또 형님 같은 스승이 되어 서로 사랑하고 책망도 하며 제자양육을 했다. 기로등 불빛을 벗 삼아 함께 공도 차고 달리고 웃고 울다가 날밤을 새우고 난 뒤, 새벽 예배 때는 졸다가 뒤로 넘어가는 웃픈 이야기의 합창이 들린다. 이들이 바로 오늘 최고의 하모니를 이루는 합창이 된 것 아닐까!

율법에 가까운 말씀대로 살아가라고 하는 강한 훈련에 때로는 힘들어 팽개치고 싶었을 혈기 왕성한 젊은 청년들은 순종하며 디모데와 같은 충성스러운 군사들이 되었다. 물론 그 가르침이 너무도 무거운 멍에가 되어 멍든 가슴으로 서로 가야 할 길로 떠나가기도 했지만, 많은 기쁨과 위로를 나누는 형제들이었음이 분명하다. 마치 악곡의 각 성부를 여러 사람이 파트별로 나누어 자기 몫을 당당하게 해내는 합창이 되기까지 걷다가 넘어지고 넘어졌다가 다시 일어나는 멘토링의 기초였으며, 드디어 아름다운 화음이 이루어져 울려 퍼지고 있었다. 다만 그때는 그것이 멘토링의 장이었음을 몰랐던 것이다.

그들은 이제 자기들이 있어야 할 자리에서 사람을 세우는 멘토들이 되어 또 다른 젊은이들을 지지하고 공감해주며 각자의 삶에서 하모니를 이루는 군사들이 되었다.

한국교회의 폭발적인 부흥의 때, 1988년 성민교회는 태동했다. 개척된 지 4년, 1992년 80평 확장이전, 2003년 대지 477평을 매입, 건평 220평 세 번째 교회 건축이라는 대역사 가운데 견고하게 자리 잡기에는 역동성이 부족했다. 밖으로는 IMF의 외환위기와 어려운 세상의 흐름들이 고스란히 성도들에게도 끼워 맞춰져 있었기 때문이다.

어려워진 경제 상황에서 살아가기 힘겨운 이들에게 번영과 성공

신화, 그리고 가치의 변화가 오기 시작한 건 당연한 논리였을 것이다. 그러나 구제와 봉사, 헌신의 현장에서 하나님을 향한 열정으로 오직 예수만을 외쳤다.

눈에 보이지 않지만 분명하게 살아 계신 하나님을 바라보았다. 그리고 그 자리를 떠나지 않고 눈물로 기도하며 들숨과 날숨을 함께 나누고 노래하기 시작한 메뚜기들의 합창이 지금도 생생하다. 자기들의 생각을 모으고 마음을 모으고 뜻을 모으기 위해 자신들의 소리를 조율해가며 부르는 그들의 합창은 희망의 노래였으며 가히 국립 오페라단을 연상케 하기에 충분했다.

이제 그들은 중년의 나이에 접어들었고 교회의 중직자로서 견고하게 서서 다음 세대를 세우는 아버지가 되었다. 이제 그들은 마음껏 뛰어놀고, 힘차게 노래할 곳에 마음의 자리를 편다. 그리고 사람을 세우는 교회에서 누릴 수 있는 가장 큰 기쁨을 맛보고, 맛을 보여주는 하나님의 사람들이 되어 있다.

"네 장막 터를 넓히며 네 처소의 휘장을 아끼지 말고 널리 펴되 너의 줄을 길게 하며 너의 말뚝을 견고히 할지어다"(사 54:2).

비록 잉태하지 못하고 출산한 경험이 부족할지라도 온전케 하시는 주를 바라보는 우리네 믿음은 이미 장막 터를 넓히고 있었다. 자신의 권리까지 포기하고 널리 펼 뿐 아니라, 줄을 길게 하고 말뚝을 견고히 하는 헌신으로 복음은 좌우로 퍼지며 새로운 땅에 교회를 이전하는 기적을 만드신 하나님께 영광을 올려 드리게 되었던 것이다.

Chapter 03

새로운 변화의 기둥을 세우다

●

2019년이 되었다. 대대적인 교회 리모델링을 하고 새롭게 도약할 비전을 가지고 출발했으나 급작스럽게 전 세계를 강타한 코로나19 바이러스 앞에 군산도 예외는 아니었다. 어떻게 이 광야를 지나야 할지 딱 부러진 해법은 없었다. 금세 지나갈 것 같은 감기라 여겼지만 모든 교회들을 꽁꽁 얼어붙게 했다. 어렵고 힘들수록 본질을 놓치지 않아야 한다는 말과 같이 우리는 처음으로, 초대교회로 돌아가야 했다. 우리 교회의 영적 분위기는 매우 안정적이고 담임목사의 리더십에 하나가 되어 건강한 공동체를 이루고 있었지만, 변화가 필요했다.

2020년에는 교회다운 교회, 건강한 교회로 도약하기 위해 목회컨설팅연구소에 의뢰하여 컨설팅을 받고 그 지역에 필요한 바로 그 교회를 세우기로 하며 또다시 도전의 닻을 달았다. 성도들의 헌신적인 섬김과 하나 됨이 쉴 만한 물가였다. 우리는 지역과 함께 가는 교회로서 새로운 가능성을 가지고 같은 말, 같은 마음, 같은 뜻으로 복음의 지평에 깃발을 들었다. 이제는 개인의 신앙생활에 만족하는 자리에서 더 성숙하여 그리스도의 장성한 분량에 이르는 하나님의 나라, 하나님의 사람으로 세워지기를 소망한다.

2021년에 성민교회 '사역 지침서'를 제작하여 사역의 기본 틀은 만들었지만, 세상 속의 그리스도인으로 살아갈 수 있는 양육 체계도를 갖추지는 못했다. 물론 제자 양육 시스템이 없었던 것은 아니다. 좋은 프로그램과 교재, 세미나를 통해 훈련을 받고 양육했지만, 제자는 세우지 못했다. 돌이켜보니 내가 제자 된 경험이 없었다.

2년 가까이 훈련하고 세워갔지만, 성경공부만으로는 제자가 될 수 없음을 알게 되었다. 종이호랑이에 불과했다고 표현하는 게 솔직할 것 같다. 그래서 세상 가운데서 "비로소 그리스도인이라 일컬음을 받게 되었더라"(행 11:26)라는 말씀에 양육의 핵심 가치를 두고 체계도를 세웠다.

코로나19 바이러스로 사회적 거리를 두어야 할 때 내실을 다지며 기초를 다시 세웠다. 그래도 교회가 희망임을 세상에 알릴 수 있는 기회를 주신 하나님께 감사하며 영광을 돌린다. 이제 초기 고착화가 되기 전 변곡점에서 새로운 변화의 3막을 열어간다. 하나님의 계획하심과 그의 은혜로 건강한 교회로서, 더욱 든든히 서가는 교회로서, 기초 양육에서부터 자기 자신을 경영하고 관리하는 훈련을 통해 균형 잡힌 크리스쳔으로서 교회와 가정과 세상 속의 그리스도인이 되게 하고자 한다.

우리 교회는 핵심 가치를 하나님의 사람을 세우는 것에 둔다. 그리고 사명은 누군가의 인생 멘토가 되는 것이다. 어떻게 갈 것인가의 방향성은 '평신도 사역 공동체'로서 전 교인을 100% 사역자로 세우는 것이다. 그렇다면 무엇을 해야 할까?

필요 중심적 소그룹 활동을 활성화하고 사역을 단순화시키는 멘토링 사역을 경험하게 하는 것에 목표를 둔다. 창립 34주년 기념 주일에 새로운 '양육체계도'를 발표했다. 아직은 부족하지만, 종합적인 양육체계도로 새가족반에서 4주 동안 새 가족이 잘 정착할 수 있도록 돕는다. 그 후에 기초반, 확신반, 생활 속의 그리스도인으로 세우는 생활반, 제자반 과정별 교재를 선택하여 양육과 훈련을 한다. 양육시스템의 전 과정을 마친 자를 직분자로 세우고, 항존직들에게 지도자반을 수료하게 하여 전 교인이 체계적이며 균형 잡힌 그리스도인으로서 세상의 빛과 소금의 역할을 감당하게 하는 시스템을 구축한다.

> "그가 어떤 사람은 사도로, 어떤 사람은 선지자로, 어떤 사람은 복음 전하는 자로, 어떤 사람은 목사와 교사로 삼으셨으니 이는 성도를 온전하게 하여 봉사의 일을 하게 하며 그리스도의 몸을 세우려 하심이라"(엡 4:11~12).

지나온 30년 동안 하나님을 향한 사랑과 순수한 열정으로 여기까지 왔다. 이제는 각 사람을 세워 주님 오시는 그날까지 함께 할 건강한 교회를 세워야 할 때다. 코로나19 바이러스의 재확산으로 다시 움츠러드는 심리적 위기감도 있지만 질적인 성숙이 지속적인 성장의 열쇠이다. 그러므로 성민교회는 이 위기의 때에 성경의 본질로 돌아가 새로운 도약의 기회로 삼는다.

이제 성민교회가 40주년이 될 때는 건강한 장년, 다음 세대를 세워가는 건강한 교회, 행복한 교회, 인생의 멘토를 세우는 그 지역에 세워져야 할 바로 그 교회를 꿈꾼다.

Chapter 04

멘토링 목회
체계도를 세우다

●

» 멘토링 목회란 무엇인가?

만약 당신의 인생에 있어서 가장 존경하고 모종의 관계를 맺고 있는 한 사람을 꼽으라고 한다면 생각나는 사람이 있는가? 바로 그가 당신의 멘토이다.

멘토란 지위, 명예, 재력 등에 상관없이 멘티의 생활을 보살피고 멘티가 성공을 거두는 것을 보고 싶어 하는 사람이다. 요즘은 어떤 문제나 사건에 부딪혔을 때 마음을 터놓고 이야기할 사람이 별로 없는 시대이다. 그러나 문제 잎에서 시간과 마음을 내어 줄 수 있는 한 사람이 있다면, 지속적으로 관계를 갖고 돌봐줄 사람이 있다면

1장_ 건강한 부흥, 도약의 기회

35

삶에 어떤 변화가 일어날까? 이 질문을 시작으로 멘토학교 워크숍에 참여·지원을 하고 멘토링의 개념과 정의를 먼저 숙지한다. 멘토학교의 시작종이 울린다.

» **우리가 꿈꾸는 교회**(골 1:28~29)

세상의 필요를 공급하고 성도들이 행복하며 사람을 세우는 교회이다(골 1:28~29). 교회를 세우는 것은 사역의 총체이다. 교회가 사람들을 세워갈 때 좋은 교회는 좋은 사람들로 구성되고, 건강한 교회는 건강한 성도들을 통해 세워진다. 교회 공동체는 하나님의 사람들로 온전하게 세워져야 한다. 교회는 사람을 세워야 하며 이 사역이 곧 목양이다.

교회는 사람을 세우기 위해 많은 노력을 해왔다. 우리 교회 역시 교육과 심방, 상담과 제자 훈련을 통해 교회 성장과 성숙을 이루고자 하는 일념으로 30여 년의 여정을 걸어왔다. 그러나 세상의 소금과 빛의 역할을 감당해야 하는 그리스도인들이 실상은 그렇지 못할 뿐 아니라, 코로나19 팬데믹 상황에서 그 신뢰를 더욱 상실하게 되었다.

교회와 가정과 세상 속에서 선한 영향력을 끼치는 신실한 크리스천, 역동적인 그리스도인들을 세울 수는 없을까? 코로나19 속 목회적 상황을 어떻게 극복할 수 있을까? 고민하고 자료를 찾아봐도 다른 방안은 보이지 않았고 찾을 수가 없었다.

2019년 목회컨설팅연구소에서 개최한 멘토링 세미나에 참석하고 비로소 오래된 체증이 내려가듯, 그동안 놓쳐버린 것들을 주워 담기 시작했다. 바로 이것이었다는 생각이 들면서 성도들에게 동기 부여를 하기 시작했다. 성경에 나타난 예수님 사역의 동심원과 사도 바울의 사역의 핵심을 통해서 목회 본질을 재정립하게 되었다. 예수님의 멘토링은 밤중에 찾아온 니고데모와의 만남을 통해 이루어졌고, 삭개오, 수가성의 여인, 마리아, 마르다, 베드로의 장모 등 한 사람씩 관계를 맺으며 세워가셨다. 그렇다. 본질로 돌아가야 했다. 기술과 기능이 아니라 예수님의 심장을 가지고 성도들에게 가야만 했다.

전교인 멘토링 체계도와 과정을 홍보하면서 우리 교회의 경우 전교인 '짝꿍 멘토링'으로 관리되도록 하여 "짝꿍과 함께 예배하는 날"을 정해 같은 자리에 앉아 예배드리며 교제하기도 한다. 이것은 양육이 아니라 관리에 우선을 두었다. 직분으로 멘토를 세우지 않고 성숙한 그리스도인과 가치 혁명이 일어난 신앙인으로 한다. 지속적인 담임목사의 피드백과 자기 경영 체크 리스트를 통해 스스로 매니지먼트가 되게 한다. 무엇보다도 "이 모든 일에 전심전력하여 너의 성숙함을 모든 사람에게 나타나게 하라"(딤전 4:15)는 것이다.

» 멘토학교 개설

무엇을 해야 할까? 우선 멘토링이 무엇인지 성도들과 함께 개념적인 것을 나누어야 했다. 그래서 당회와 논의한 후 멘토학교를 진행하기로 했다. 우선 기수별로 운영하는데 우리 교회의 경우 5주 동안

ON, OFF Line을 통해 멘토링을 이해하게 했다.

물론 한 번 교육받은 것으로 모두가 이해하지는 못했다. 또 다른 성경공부로 이해하는 성도들도 있었기 때문에 서두르지 않고 멘토학교를 통해 동기 부여를 시작하고 토양작업을 했다.

멘토학교를 이수한 후, 가치와 의미를 발견한 수료자는 담임목사에게 멘토링 관계 맺기를 희망할 경우 담임목사, 또는 평신도 멘토와 35주, 혹은 50주 약속을 하고 멘토링을 진행한다. 현재 1기 멘토학교 4기를 마쳤고, 멘토링 관계 12명, 훈련된 멘토 4명이 각 1명과 멘토링 진행 중이며, 8명이 담임목사와 멘토링 중이다. 이들의 변화는 그들이 쓴 간증문에서 충분히 발견하게 될 것이라 기대한다.

멘토를 위한 훈련으로 가정예배를 일주일에 1회 드리도록 동기 부여를 하고 환경을 조성한다. 사역의 전반을 피드백하며 멘토로서 수칙을 지키도록 훈련한다. 멘토링의 유형을 익히도록 하는데 1대1 멘토링, 가정 멘토링, 부부 멘토링 등 다양한 멘토링을 만들어 가도록 한다. 멘토링 관련 서적을 읽고 나눔을 통해 멘토로서 훈련하게 한다. 필독서인 《양치기 리더십》, 《동기 부여의 기술》, 《1분 경영》, 《익숙한 것과의 결별》, 《영적 멘토링의 기술》, 《사람을 남겨라》, 《멘토링》, 《가치 혁명》 등 시대적 베스트셀러를 함께 나눈다.

» 왜 멘토링 목회이어야 하는가?

교회의 존재 이유가 첫째, 필요를 공급하고, 둘째, 성도들이 행복하며, 셋째, 사람을 세우는 데 있다면, 우리들은 하나님의 음성에 귀를 기울이고 성도와 이웃의 필요와 욕구를 파악하며 체계적인 공동체를 세워가야 한다. 멘토링이란 한 사람을 가르치고 세우는 일인데 옛날에는 세대 간에 이루어지는 삶의 형태였다. 이미 멘토링은 인간이 살아갈 때부터 시작되어 왔고 모든 집단은 멘토링 관계 속에 존재해 왔던 것이다.

코로나19 바이러스로 인한 목회적 상황은 그야말로 최대의 위기였다. 사회적 거리두기로 대예배가 중단 위기에 놓였고, 소그룹 모임도 원천적으로 봉쇄된 상황에서 목회는 본질로 돌아가야만 했다. 그래서 사람에게로 돌아가자는 것이었다. 각 사람을 세우는 유일한 방법은 세워질 때까지 연락하고 교제하고 안부를 묻고 만나는 것이다.

만나는 방법은 여러 가지일 것이나 관심이 첫 번째 훈련이었다. 그리고 인생의 스승이 되어 교회인 사람을 세우는 첫걸음을 내딛게 하는 것으로 '성도를 온전하게 하여 봉사의 일을 하게 하며 그리스도의 몸을 세우는'(엡 4:12) 질적 성숙에 목표가 있다. 세상의 빛으로 살게 하는 것은 선한 영향력을 끼치게 하는 사람이 되게 하는 데 목적이 있고 상호성장과 성숙에 있음을 멘토학교를 통해 알게 한다.

멘토란 지위나, 명예, 재력 등에 상관없이 나의 성공도 중요하지만 멘티의 일상을 보살피고 멘티가 성공을 거두는 것을 보고 싶어 하는 사람이다. 또한 어떤 문제나 사건에 부딪혔을 때 시간과 마음을 내어줄 수 있는 사람, 누군가 나를 지속적으로 돌봐주며 하나님이 주신 잠재력을 발견할 수 있도록 도와주는 사람이다(요 15:9). 예수님께서 제자들을 그렇게 사랑하셨고 가르치셨다(마 20:16~17).

그러므로 멘토링 목회란 예수님의 사역 중 가장 비중 있는 사역이고, 한 사람, 한 가정을 멘토와 멘토 가정이 섬기는 사역이다. 우리 성민교회의 시스템은 멘토링 워크숍과 5주간 멘토학교를 통해 기초를 놓았다. 그리고 전 성도 관리 멘토링, 인생의 영적 멘토를 세우기 위한 관계 멘토링을 구축했고 그 결과 현재는 'M7'이 세워졌다.

멘토링은 우리 세대와 오는 세대의 연결고리인 관계이다. 다음 세대에 대한 관심과 말들은 많지만 사실은 어떻게 해야 하는지, 무엇을 해야 하는지 방향성은 없다. 그러나 우리 할아버지, 할머니와 손자들이 멘토링 관계에 있었고, 부모님과 자녀들이 멘토링 관계였다. 형제와 자매들을 통해 우리는 배웠고, 전수받았고, 알게 된 대로 인생을 살아간다. 인생을 통하여 인생이 이어지고 눈과 눈으로, 등과 등으로, 어깨와 어깨로 인맥을 통하여 세워진다.

그래서 인생에 대한 질문과 존재 이유, 사명을 찾아주어야 한다. 인생의 참 의미를 어디에 둘 것이며, 사건을 만났을 때 삶에 대한 재해석을 어떻게, 무엇을 근거로 할 것인가를 가르쳐주고 보여주어야 한다. 그래서 섬겨주고 세워 주어야 할 멘토가 필요하고, 멘티는 바라보아야 할 모형이 필요하다. 여호수아는 모세를 통해, 사울은 바나바를 통해, 디모데는 바울을 통해 세워진 것이 아닌가!

» 삶을 나누는 관계로서 멘토는 무엇을 어떻게 해야 할까?

일보다 관계와 일상의 삶을 묻고, 알고, 기억하며 친밀함을 확인하고 문제와 갈등을 해소할 수 있는 시간을 공유한다. 지속적인 관심과 상대방의 입장에 서보는 이해와 어떤, 무엇의 책임이 아니라 그와 함께 고민하고 나누는 것이다.

멘토링은 성경 공부도 아니고 셀 그룹 모임도 아니며 수직적 관계는 더더욱 아니다. 상호의존, 상호성장하는 인격체에 대하여 존재감을 인정해주고, 소소한 감동을 나눌 수 있는 준비를 하며 서로의 필요를 채워주는 관계이다.

새로운 관점을 가져야 하는 멘티, 즉 어린 신앙인은 자기에게 함몰되어 있을 가능성이 높다. 그래서 아비 된 신앙인(중직자), 혹은 청년이 된 신앙인은 자기 어깨 위에 멘티를 세울 때 꼭 기억해야 한다. 멘티의 문제를 다각적인 관점에서 제시해주며 문제를 재해석할 수 있도록 사랑으로 리셋하고 도와야 할 것이다. 멘티에게 개인적 연민을 갖고 그에 대한 애정으로 만날 때, 공동체의 성숙과 사랑의 관계가 맺어지는 것을 확신하는 자리가 된다. 구조적인 체계를 갖추고 차근차근 세워갈 때 질적 성숙과 성장을 볼 수 있는데 이것은 가르치는 것이 아니라 섬기는 것에 Key가 있다.

▶ 멘토링 관계 맺기에 있어서 영적 멘토의 7가지 유형으로는 제자 훈련자, 상담자, 영적 지도자, 교사, 코치, 후원자, 모델이 있으며

상황에 따라 다양한 모습으로 함께 한다. 멘토는 반드시 해산의 수고(갈 4:19)가 필요하다. 생명력 있는 인생이 되기 위한 새로운 도전의 기회요, 다양한 사람들과의 관계 형성이 곧 멘토링이다. 이때를 통해 영적 리더십이 함양되고 그리스도인으로서 질적인 성숙과 성장을 이루게 된다.

» 과연 삶의 변화가 일어날까?

첫발을 내딛는 마음이 초조하고 조금은 두려움이 있었다. 하지만 예수님께서 한 영혼에게 집중하셨던 것처럼 관심을 갖고 이해하며 영적인 책임감을 가지고 그를 존중하며 나를 내어주는 사랑을 주머니에 넣었다.

그리고 그들을 위해 기도하며 격려하고 때로 권고도 하지만 사랑을 놓치지 않았다. 그들은 개인적인 시간을 나누는 가운데 목사님과 한 주에 한 번씩 시간을 갖는다는 것에 행복해했다. 때로 울고 또 웃고, 함께 먹고 나누기 시작한 지 15주차가 되면서 그들의 모습에서 점점 변화가 나타나기 시작하자 경이롭기까지 했다.

성숙한 그리스도인은 몸 된 교회의 핵심 가치와 공동체 문화를 강화하고 유지할 수 있어야 한다. 상호 섬김으로 영적인 시너지가 향상되고 새가족 중심교회가 되어, 교회 사역의 전반이 멘토링 관계로 이어지고, 견고한 울타리를 세우기 위하여 작은 밀알이 되도록 해산의 수고를 해야 하는 것이다.

» 우리 교회 멘토링 핵심 영역은 3M이다.

첫 번째, 멘토링을 통하여 Mission(사명)을 찾는다. 이것은 각 사람이 흩어지는 교회로서 존재 이유, 그리고 하나님께서 부여하신 사명을 찾는 것이다.

둘째, Meaning(의미)이다. 과연 인생의 의미는 무엇일까? 그리고 일상에서 만나는 문제나 사건을 어떻게 재해석할 것인가? 그리스도인으로서 세상에서 어떤 영향력을 끼치며 살 것인가를 스스로 묻는 시간을 갖는다. 멘토학교 시간을 통하여 서로 이야기를 나누며 3M을 찾아가게 한다.

마지막으로 Mentor(멘토)는 타인을 섬기고 돕는다. 이것은 성령의 사람만이 할 수 있는 일이다.

> "바나바는 착한 사람이요 성령과 믿음이 충만한 사람이라 이에 큰
> 무리가 주께 더하여지더라"(행 11:24).

» 멘토링의 도구들이 있다.

1) 멘토의 자기 경영은 매우 중요한 요소이다. 왜냐하면 언어, 습관, 태도는 그 사람을 나타내는 표면적 평가이기 때문이다. 그래서 '자기 경영 체크 리스트' 목록을 만들게 한다. 도전하고 싶은 것, 고치고 싶은 것, 영적인 비킷 리스트 같은 목록을 만들어 노선하게 하고 점검하고 지지한다. 변화되고 싶음에도 구체적인 제안이 없어서 생각

은 하고 결심도 하지만 연기처럼 사라진다. 그래서 함께 만들어 간다.

  2) 다양하고 폭넓은 독서를 하도록 권장하고 함께 읽어가며 이야기를 나눈다. 이때 서로의 관점과 이해와 내면의 문제들을 발견하고 나누며 치유를 경험하게 된다.

  3) 일상 가운데 다양한 부부 문제, 자녀 문제, 관계의 갈등 등을 다루며 방법과 길을 찾아간다. 결국은 그리스도인으로 어떻게 살아가야 하는가는 본인이 스스로 찾아가는 것으로 본다. 물론 전문가의 도움이 필요한 것을 발견하면 전문가를 소개해준다.

  4) 기초 성경공부를 15주차 정도에 진행하며 시작한다. 우리 교회에서는 네비게이토 기초과정 '인간과 하나님'을 교재로 사용한다.

  5) 멘티의 필요가 그때마다 다르지만 함께함을 보여준다.

  6) 때로는 문화생활로 영화 감상이나 산책, 드라이브를 통한 교제를 하며 시대적인 석의도 함께 나눈다.

  일주일에 1회, 적어도 2주일에 1회를 놓치지 않았다. 왜냐하면 외면과 내면의 균형을 깨뜨리고 싶지 않아서이다. 변화를 위한 '자기경영' 그리고 독서를 통해서 그가 하고 싶은 것을 찾아가는 것이다. 이때 필요한 질문을 통해 '왜' 혹은 '어떻게' 할 것인지, '무엇을 하려고' 하는 것인지 멘티 스스로 답을 찾아가도록 돕는다.

  15주차가 되면 제자 기초 훈련 과정을 진도에 얽매이지 않고 천천히 삶의 변화에 초점을 맞추어 반복과 훈련을 꾸준히 해나간다. 이 가운데 본인을 포함해서 가족들과 아이들, 성도들이 그의 변화를 알아차리기 시작했다.

3개월이 지나고 6개월, 9개월, 12개월, 1년 6개월이 되면서 'M7' 영적 멘토를 세우게 되고, 이제 그들이 또 다른 사람의 영적 멘토가 되어 세워간다. 영적인 목마름이 있는 성도를 찾아 멘티를 둔다. 그리고 멘토 역시 자기 준비가 반드시 필요하다. 그래서 사역 체크 리스트와 멘토링 보고서를 통해 피드백을 나눈다. 멘토링의 생명은 상호 성숙과 성장이다. 멘티의 잠재력을 찾아서 키우므로 영적인 리더가 되게 하며 섬김사역을 할 수 있는 역량을 최대한 발휘할 수 있도록 돕는다.

사람을 세우는 것, 곧 예수님의 몸 된 교회를 세우는 것, 더 나아가 하나님의 사람을 세우게 되면 그들이 교회를 세울 것이다(엡 4:12). 제자훈련을 마친 성도를 멘토가 되게 하고 그들로 하여금 또 다른 이의 '인생의 스승'이 되게 하는 것은 이 땅에서 우리에게 주신 최고의 사역이며 주님과의 동역인 것이다.

참된 영성은 우리를 자기 자신 속으로 끌고 들어가는 것이 아니라 사방으로 퍼져나가게 하는 것이다. 자신과 자신의 행동이 아닌 그리스도와 그분의 완성된 일을 올려다보고 다시 시선을 이웃의 필요와 그들의 아픔에 맞추어 그들을 보듬는 것이다. 그러므로 한 영혼을 세우는 것은 율법이나 도덕, 성과가 아니라 관심과 사랑과 이해와 존중과 주는 것이다. 오늘도 한 영혼을 세우기 위한 생명력 있는 해산의 수고를 하는 아침을 함께 연다.

Chapter 05

지역과 함께 가는 교회

우리 교회는 1988년 5월 8일 개척과 동시에 하나님의 은혜로 소년·소녀 가장을 돕고, 국내 선교를 시작했다. 2003년 이곳에 건축을 하면서 다소 소외된 지역으로 정서적 문화의 갈증이 있었기에 교회는 지역의 욕구를 파악해야 했다. 방과 후 아이들이 고물상에서 쇠붙이를 가지고 노는 것을 보고 비인가 공부방을 개설해 동네 아이들이 숙제하고 놀 수 있도록 교회 공간을 열었다.

2004년 '꿈꾸는 세상 지역아동센터'의 신고를 마치고 지역 내 아동 50명을 돌보기 시작했다. 아이들의 꿈을 함께 이루기 위해 같은 방향을 바라보며 안전한 울타리를 세웠다. 오늘을 살지만, 내일의 주역인 미래세대가 세계 모든 민족 위에 뛰어난 하나님의 자녀가 되

1장_ 건강한 부흥, 도약의 기회

어 가도록 열여덟 해를 함께 걸었다. 아이들의 꿈을 만들고 꿈을 키우고, 또 꿈을 낳으며 조심스럽지만 당당하게 지역을 품기 시작했던 것 같다.

2010년부터는 지역의 문화적 갈증을 해소하기 위해 '지역주민 콘서트'를 열어가면서 교회의 문턱을 낮추고 그들과 함께 호흡하며 노래하고 춤추었다. 어떤 비신앙인은 설문지에 이런 글을 남기고 갔다. "내년에 꼭 다시 듣고 싶고 보고 싶은 프로그램은 주와 같이 길 가는 것 같은 것이다." 예수를 알지 못하는 방문객은 이 곡이 찬송가인 줄 몰랐지만 이미 주와 함께 길을 나선 것 같다.

한 해, 두 해를 거듭하면서 때로는 유원지 야외 콘서트장에서, 어느 해인가는 '꿈 마실가다!'라는 이름으로 지역주민들을 학교 운동장으로 초대하여 떡 두 가마를 나누었다.

아홉 번째 콘서트를 마치고 성민교회는 대대적인 리모델링에 들어갔고, 입당 후 멋진 콘서트를 준비하려고 하던 중에 질기고 질긴 불청객, 코로나19가 찾아왔다. 3년 동안 지역민들은 기다리고 있다. 또다시 확진자가 증가하는 가운데 가능성은 희박하지만 오늘도 지역과 함께 가는 꿈을 꾼다.

우리 교회는 지역과 함께하고 다음 세대를 세우기 위한 작은 불빛을 비추고자 '사랑 나눔 릴레이 장학금'을 마련하였다. 또 지역 내 청소년들에게 장학금을 지원하게 되었고, 한 가정의 귀한 헌신으로 교복 지원을 시작하게 되었다. 돌아보니 우리 교회는 위기가정과 아동, 청소년의 안전망을 구축하는 일에 최선을 다했던 것 같다. 2015년에는 군산 가정사랑학교를 설립하고 아버지, 어머니 대학, 청소년 진로지도, 부부행복학교, 결혼예비학교를 진행하며 교회는 서서히 질적인 성장을 하고 있었다.

교회의 사회적 책임이란 선택의 문제가 아닌 책임과 임무의 문제이다. 그 지역에 세워진 교회가 지역과 함께 어떻게 연대해 가는가는 하나님께서 우리에게 위임하신 것이다.

> "하나님이 자기 형상 곧 하나님의 형상대로 사람을 창조하시되 남자와 여자를 창조하시고 하나님이 그들에게 복을 주시며 그들에게 이르시되 생육하고 번성하여 땅에 충만하라 땅을 정복하라…모든 생물을 다스리라 하시니라"(창 1:27~28).

그러나 인간의 욕심과 탐욕으로 말미암아 우리에게 위임하신 책임과 의무를 다하지 못했다. 그러므로 교회는 하나님의 사람들이 모인 공동체로서 지역과 사회에 대한 책임을 다하는 곳이어야 한다.

우리나라에 기독교가 들어온 초창기 당시는 민중들의 생활이 대단히 비참했다. 그러나 종교적인 박해 속에서도 기독 신자들은 서로 상부상조했고 구제와 나눔의 일들을 지속적으로 했던 것을 찾아볼 수 있다. 그래서 교회는 사선적 보임과 활동들을 선개했으며 하나님의 사랑을 실천하는 장이 되었다.

교회의 사회적 책임은 하나님을 사랑하는 것으로 끝나지 않고 이웃을 내 몸과 같이 사랑하는 진실한 사랑을 통해 인간과 사회문제를 해결하고 삶의 질을 향상시키는 것까지 이어진다. 이에 우리 교회는 환경보호에 앞장서는 작은 실천으로 종이컵, 플라스틱 제품 사용을 자제하는 캠페인을 하고 있다.

작은 교회로서 사회공헌이라는 명제에 주눅이 들지만 코로나19 바이러스가 극심할 때 주일학교 아동부로부터 장년부 모두가 십시일반으로 마스크, 생필품, 생수, 생리대를 모아서 대구 중앙재난안전대책본부에 전달했다. 30여 개의 택배 상자를 보며 모든 성도들은 나눌 수 있음에 감사했고, 지역의 위기 가정을 위한 이불 나눔, 다문화 가정의 성탄 선물을 전달했다. 물론 여기 다 기록할 수 없음이 안타깝기도 하고 부끄럽기도 하지만, 교회의 사회적 책임을 감당하는 것은 상실된 하나님의 형상을 회복하는 길이며 크리스천으로서 가져야 할 가치 체계라 확신한다.

» **왜 우리 교회가 이곳에 서 있는가?**

그것은 하나님의 나라를 세우고 그리스도의 십자가가 승리하는 곳임을 알리기 위한 거룩한 땅이기 때문이다. 그래서 교회의 본질적인 과제를 수행하는 데 부끄럽지 않은 작은 몸짓을 하는 것이다. 교회가 크든지 작든지 그 교회가 감당하는 사회적 책임으로 기독교의 신뢰도가 회복되기를 소망한다. 우리의 본질적 과제는 복음을 전파하고, 봉사하며, 교제하는 것이다. 그래서 지역에 복음을 전파하고자 공유냉장고, 사랑의 쌀독, 택배기사와 환경미화원, 우체부 아저씨를 위한 음용 냉장고와 온장고를 설치하고 지역민들과 숨을 함께 나눈다. 이 숨이 이 지역에 고르게 퍼지기를 소망하면서….

오늘도 우리들의 들숨과 날숨은 틈새의 풍성한 이야기로 가슴을 따뜻하게 한다.

"가난한 자를 불쌍히 여기는 것은 여호와께 꾸어드리는 것이니 그의 선행을 그에게 갚아 주시리라"(잠 19:17).

그에게서 온몸이 각 마디를 통하여 도움을 받음으로
연결되고 결합되어 각 지체의 분량대로 역사하여
그 몸을 자라게 하며 사랑 안에서 스스로 세우느니라
(엡 4:16)

2장

작지만 건강한 교회 이야기

소통하는 리더십

●

성경의 첫머리는 "태초에 하나님이 천지를 창조하시니라"(창 1:1)는 말씀으로 시작된다. 하나님은 창조 전에도 계셨고, 만물의 시작되기 전에 하나님만이 계셨음을 암시한다. "태초에 말씀이 계시니라 이 말씀이 하나님과 함께 계셨으니 이 말씀은 곧 하나님이시니라"(요 1:1)는 말씀에서 태초는 시간의 시작을 의미하고 영원에 해당하는 시점이다. 여기에 "하나님은 사랑"(요일 4:8)이라고 기록되었다. 그러므로 우리의 소명은 사랑하는 것이 아닐까?

우리 교회 당회는 행복을 여는 문이다. 힘겨루기를 한다거나 교회 안과 밖에서 제왕적 모습을 보이는 일은 아직 보지 못했다. 당회원들은 주일 오전이 되면 성도들보다 먼저 교회에 도착하여 예배를 위해 기도하고 밝은 모습으로 안내를 한다. 주일 예배 후, 애찬의 교제 시간에는 어르신들을 먼저 공궤하고 아이들을 배려한다. 삼삼오오 모여 담소를 나누고 안부를 전하며 교제하는 그곳에는 행복의 기운이 넘쳐흐른다.

"사랑하는 자들아 우리가 서로 사랑하자 사랑은 하나님께 속한 것이니"(요일 4:7).

2021년 성탄절에는 당회원들이 온 성도들의 가정을 방문하는 산타가 되어 선물을 주고 축복기도를 해주며 예수님께서 태어나신 날을 함께 기뻐하며 영광을 돌렸다. 돌아오는 장로님들의 얼굴에는 감사와 기쁨과 사랑이 넘쳤고 가장 행복한 모습이었다.

34년이 된 성민교회의 자랑을 묻는다면 단언하건대 성도들이다. 참 좋은 성도들, 이런 성도들이 있는 교회는 좋은 교회요 건강한 교회이다. 아직 분별이 안 되어 각을 세우는 분들도 있지만 얼마 가지 않아 장로님들을 보고 숙연해진다. 하나님을 사랑하는 것은 서로를 섬기는 것인데 성민교회 장로님들이 그런 분들이다.

일 년 동안 농사를 지은 열매를 늘 성도들과 나누시는데, 담임목사 승용차에 가득 실어놓은 손길에는 연약하고 작은 목회자를 위로하는 사랑이 가득하다. 흘려보내는 그의 손길이 온 성도들에게 미치고 사랑은 깊이 뿌리를 내린다. 어떤 제안이나 안건 앞에서도 자신의 논리를 드러내거나 자기 주장을 내세우기보다 합력할 줄 알고 참아주고 함께하며 동참한다. 이것이 천국이 아닌가?

대형교회나 중형교회도 아닌 작은 성민교회가 행복한 교회, 살리는 공동체로서 존재할 수 있었던 것은 당회원과 성도들, 청년, 청소년, 아동들까지 공존하기 때문일 것이다. 기다려주고, 다독여주고, 지원해주며 서로 사랑하고 사랑받는 존재임을 표현한다. 성경은 첫 장부터 마지막 장까지 하나님의 사랑이 스며 있다. 그와 같이 우리 모두는 사랑받기 위해 창조되었고 사랑하기 위해 창조되었다. 물론 심히 보시기에 참 좋았던 사람은 타락하여 흔들리고 망가질 수 있지만 교회가 교회로서 본질을 회복한다면 바로 그 교회는 예수님의 몸인 것이다.

우리 교회 당회와 온 성도들은 그리스도의 사랑으로 하나가 되어 복음의 열정으로 코로나19 위기를 넘어왔고 또 넘어가고 있다. 교회가 완전할 수는 없지만 성민교회는 사랑으로 소통하고 공감하며 하나님의 영광을 위해 같은 마음, 같은 뜻, 같은 말로 나아가고 있는 건강한 교회이다.

성장보다 중요한 것은 성숙이다. 하나님의 위대한 교회는 크기에 있는 것이 아니라 하나님을 어떻게 닮고 담았는가에 있다. 규모가 중요하지 않다는 것은 아니지만 작아도 큰 교회, 작지만 강한 교회가 되기를 소망한다. 교회 신뢰도가 땅에 떨어졌다고 할 만큼 20% 안팎이라고 이곳저곳에서 말한다. 그래도 교회가 마지막 보루이며, 생명이고 희망이다. 세상이 교회를 외면해도 교회는 교회이어야 하며, 그 교회는 거룩성을 잃어버리지 말아야 한다.

거룩한 주의 백성은 변화된 새로운 피조물로서 가정과 세상과 교회에서 그 빛을 발하고 소금으로서 화목해야 한다. 작은 교회에서의 '우리끼리' 문화가 결코 건강한 것은 아니다. 작든 크든 우리는 예수님의 몸이며 그의 지체로서 거룩성의 건강도가 평가되어야 한다.

우리 교회의 자랑거리는 첫째, 모두가 같은 말을 하고 지체 가운데 분쟁이 없이 같은 마음과 같은 뜻으로 온전히 합하기를 소망하며 나아간다(고전 1:10). 그래서 끼리끼리의 문화를 타파하고 너와 내가 함께 가는 어깨동무 의식을 갖는다.

둘째, 각 사람을 권하고 모든 지혜로 각 사람을 가르치며 각 사람을 그리스도 안에서 완전한 자로 세우기 위해(골 1:28) 관계 멘토링을 갖는다. 이것은 상호 의존하며 상호 성장하고 상호 성숙하여 하나님의 나라를 세워가는 멘토링 목회이다.

셋째, 국내외 선교는 각 가정, 혹은 개인이 자매결연 형태로 후원을 한다. 지속적이고 끊임없는 사랑과 헌신으로 서로가 서로를 세워가는 지체로서 건강하게 내일을 열어간다.

사람의 이름이 중요한 것은 부르는 대로 되기 때문이 아닐까? '성민', '거룩한 백성'이라는 이름으로 故 고왕곤 목사께서 '오직 예수'라는 표어를 걸고 교회의 주춧돌을 놓았다. 성민교회 공동체가 어려운 과정을 통과하면서 그루터기처럼 끈질기게 버티고 견딘 지체들의 모임인 것은 사실이다. 이제는 "인생의 멘토를 세우는 교회"로서 질적인 성숙과 성장을 기대한다. 성민교회 다니는 것에 대하여 자긍심을 느끼며 자랑스럽다는 고백을 듣고 조금은 부끄럽기도 했지만, 예수 그리스도로 말미암아 거룩하게 된 주의 백성들의 역사성과 순수성이 어떤 상황 속에서도 계승되기를 소망한다.

바라기는 전도, 구제, 선교, 청소년들을 위한 비전 사업에서 바로 그 교회, 성민교회가 그곳에 있기를 소망한다. 또한 그리스도의 몸으로서 각 지체가 건강한 모습으로 자원하는 마음이 주는 최고의 자유와 환희를 누리며 세상 가운데 있는 교회이기를 꿈꾼다. 생각이 통하고 비전이 통하며 말씀이 통하면 행복한 만남이 아니던가!

창립 35주년에는 내 뜻보다는 아버지의 뜻을 이루어 드리고자 하는 중직자들을 세우는 계획이 있다. 당연한 것을 당연하게 받아들이기보다 자신의 권리를 타인을 위해 포기할 줄 아는 지체들이 하나님께 올려드리는 감동의 드라마가 오늘도 만들어지고 있다.

Chapter 02

행복과 사랑이 넘치는
사역 이야기

●

우리 교회는 부교역자가 없다. 때로는 이 부분이 안타깝기도 하지만 부교역자 못지않게 헌신하는 평신도 사역자들이 자기 몫을 다한다. 가끔 힘겨루기를 하는 것처럼 보일 때도 있지만 온순하고 느릿한 누군가가 완충 역할을 잘 감당해준다.

먼저 자기가 옳다고 힘 자랑을 하지 않는 당회가 첫 번째 자랑거리이다. 장로님들은 서로 자기가 먼저라 하지 않고 제왕적 리더십을 고수하려 하지 않는다. 주일 예배 전에 미리 와서 기도하고 친절하게 안내하며 성도들의 예배를 돕는다. 목양적 성격의 일을 제외하면 교회 의사결정의 대부분을 사전에 서로 논의하여 이루어진다. 아직 완전하지는 않지만 예수님이 세우고자 하시는 바로 그 교회는 끊임없이 소통하는 교회일 것이다.

두 번째, 아름다운 권사님들이다. 코로나19로 족히 2년여 동안 주일 점심 식탁 교제가 이루어지지 못했다. 올해 5월에 사회적 거리두기가 완화되면서 권사님들은 성도들의 중식을 자원하여 책임진다. 그들은 중보기도로 교회와 성도들과 담임목사를 위해 기도로 섬긴다. 코로나19 바이러스에 감염된 가정들을 방문하여 필요한 생필품과 과일, 의료용품 등을 준비하여 현관 앞에 메모와 함께 조용히 두고 나온다. 숨은 봉사자들의 발걸음이 아름다운 것은 그리스도의 사랑이 숨어 있기 때문이다. 이들은 올 여름 무더위 가운데 중복날 지역 어르신 50명을 초대하여 삼계탕으로 섬겼다. 섬기는 일에 있어서 스스로 가난한 삶을 택하고 자신이 먼저 모범을 보여줌으로 하나님께는 영광을, 다른 성도들에게는 롤 모델이 되는 아름다움이 있다.

세 번째, 사역별 각 위원회다. 아직 필요 중심적 소그룹으로 활동하는 모습이 완전하지는 않지만, 사역의 독립성을 가지고 출발하여 넘어져 무릎이 깨지는 것 같아도 다시 일어나 도전한다. 창의적인 아이디어로 교회의 미래비전을 기획하고 연구하며 실제적인 실행지침을 만드는 '미래비전기획부'는 작년에 '멘토링 목회 컨퍼런스'를 개최하여 작은 교회 목회자들을 섬기는 데 최선을 다했다. 한 가정에서 한 분 목회자를 섬기는 일에 헌신하고 기획하고 준비하여 조금도 부족함이 없이 진행할 수 있도록 인도하신 하나님께 영광을 돌린다.

하나님의 사람을 세워 누군가의 인생의 멘토가 되는 핵심 가치를 둔 '멘토링사역위원회', 하나님의 교회를 위한 평신도 사역자들이 교회의 모든 사역이 원활하게 진행되도록 돕는 역할을 하는 '교회사역위원회', 주일 예배를 포함한 모든 예배가 하나님을 향한 온전한 예배가 되도록 섬기는 데 목적을 둔 '예배사역위원회'가 활발하게 움직이고 있다.

맡겨진 한 영혼에게 삶을 가르치고 질적인 성숙을 가져오도록 양육과 훈련을 체계적으로 하는 '교회사역위원회'는 아동부, 청소년부, 청년부의 다음 세대에 깊은 관심을 갖는다. 또한, 청지기의 정신과 섬김을 통하여 체계적으로 교회전반을 관리하고 합리적으로 지원하는 '관리사역위원회', 투명한 재정관리를 위한 '재정분과위원회' 어르신들을 돕고 섬기는 '시니어사역위원회'가 서로 소통하는 것을 기본으로 하여 모이고 교제에 힘쓴다.

성민교회는 지역과 함께 가는 교회로서 부설기관으로 '쿰 마을 사회적 협동조합'이 법인으로 등록되어 꿈꾸는 세상 지역아동센터, 군산가정사랑학교, 쿰 오케스트라, 쿰 마을 영어 도서관, 쿰 마을 장터, '3GO의 가치 & 같이' 사회적 책임(CSR)을 감당하고 있다. 또한 환경보호, 사회공헌, 윤리강령, 문화활동을 통하여 하나님께 영광 돌리고 지역의 플랫폼이 되는 교회로서 지역민들과 소통하고 있다.

Chapter 03

초대교회의
모습이 되어

» 문옥철 장로

일곱 살짜리 꼬마는 주일 점심 식사가 채 끝나기도 전 접시 위에 조심스럽게 물컵을 담는다. 걸어오면서 흘리기도 하지만 아이의 눈에는 반짝임이 보인다. 우리 성민교회의 떡잎인 어린아이가 교회 어르신들을 섬기는 모습이다.

35주년을 맞이하는 우리 성민교회는 어떠한 일이 주어지면 일사불란하게 움직인다. 개인주의가 아니라 하나의 공동체가 된다. 도전하면서 시행착오도 겪지만, 자라고 성장하고 있는 것을 확인하는 장이 되었다. 주어진 미션을 과감하게 완성해나가는 성민 가족들을 보며 조금은 어색했지만, 곧 그 어색함은 무색해진다.

나는 늘 하나님께 감사하며 우리 성민 가족들에게 무엇인가 힘이 되어 주고 싶은 마음이 깊은 내면에서 용암처럼 올라온다.

그 어느 교회의 모습이 이럴 수 있을까! 이 교회가 바로 초대교회가 아닌가! 바로 이 교회가 존재하고 있는 한 한국교회는 무너지지 않을 것이다. 비록 우리 교회가 작지만, 그리스도의 사랑과 살아 계심을 증거하는 건강한 교회요, 초대교회의 역사를 이 시대에 실현할 수 있는 교회로서 한국교회의 촛불이 되기를 기대하고 기도한다.

담임목사님의 기도와 열정으로 현대교회가 존재해야 하는 이유를 하나하나 생각나게 하시고, 교회가 가지고 가야 할 비전과 사명을 재정립하게 됨을 감사한다. 앞서 행하셨던 예수님의 모습을 따라가며, 보여주기 위한 신앙생활이 아니라 그리스도인의 삶을 살아냄으로, 선한 싸움을 다 마치고 목표를 향하여 달려갈 길을 가고자 한다.

> "나는 포도나무요 너희는 가지라 그가 내 안에, 내가 그 안에 거하면 사람이 열매를 많이 맺나니 나를 떠나서는 너희가 아무것도 할 수 없음이라"(요 15:5).

포도나무이신 주님과 가지인 우리의 관계가 말씀과 기도 안에서 많은 열매를 맺게 될 것을 주님은 약속하셨다.

바라기는 하나님의 역사 가운데 청소년과 젊은 세대를 통하여 초대교회의 역사가 계속되기를 바란다. 미래세대의 기억 속에 남을 수 있는 것은 어른 세대가 행함으로 앞선 자의 본이 되며, 사랑으로 보듬어 지도해나가는 모습일 것이다. 미래교회의 비전인 어린아이들이 장성하여 우리 교회, 나아가 한국교회의 한 모퉁이를 감당하기를 소망한다. 진정한 교회의 기둥이요 충성스러운 일꾼으로서, 사회와 가정과 교회에서 필요한 사람, 선한 영향력을 끼치는 사람이 되어 그리스도의 나라를 확장해 가기를 소망한다.

코로나19로 인해 너 나 할 것 없이 모두가 어려움을 겪었다. 그러나 모든 정부 시스템에 준하여 조심스럽게 극복하며 교회의 연약한 자들에게 간식과 일상에 필요한 물품들을 준비했다. 직접 찾아가서 대문이나 아파트 현관 문고리에 가져간 물품 꾸러미를 걸어놓고, 전화로 기도해주며 안부를 묻는 공동체의 모습은 천국이었다. 코로나19는 오히려 성민 공동체의 견고한 울타리를 만들어주는 계기가 되었던 가장 큰 감사의 조건이다.

코로나19로 인한 사회적 거리두기가 조금 여유롭게 될 때 그동안 움츠러 있었던 지역민들을 교회 앞마당으로 초청했다. 마음 가득, 가방 가득 가져가실 수 있도록 마음도 열고, 주머니도 열고, 당회와 성도들과 준비위원들은 마음과 성품을 다해 자선 바자회를 열었다. 바자회에 참여한 지역 주민들은 여기저기에서 담소를 나누고 차와 음료를 나누며 행복한 시간을 공유했다.

어렵고 힘든 시기에 각자의 역할은 다르지만 다시 한번 교회의 존재 이유를 생각할 수 있는 기회였다. 성민교회는 공유 냉장고, 마르지 않는 사랑의 쌀독, 그리고 자발적으로 미성동의 옹달샘 역할을 하는 음용 냉장고와 온장고로 물 한 잔을 나누는 소박한 교회이지만, 소외된 사람들을 찾아가는 교회, 베푸는 교회, 이 지역에 세워져야 할 이유가 분명한 바로 그 교회이다.

우리는 빈틈없이 바쁜 시간 속에서 일상을 살아간다. 그러나 누군가의 갈증을 해소해 주고 힘이 되어준다면 우리는 행복해질 것이다. 또한 그 누군가에게는 살아갈 만한 힘을 주는 새 희망의 통로가 될 것이다.

Chapter 04

다음 세대를 향한 비전

●

개척 초기부터 성민교회는 지역 내 소년·소녀 가장을 위해 작게나마 후원하는 일을 했다. 비록 많은 것은 아니지만 그들의 작은 빛이 되고자 하는 故 고왕곤 목사의 비전이었다. 그 비전으로 인해 '꿈꾸는 세상 지역아동센터'를 개소하게 되었고, 지역 내 청소년 장학금을 전달하고, 교복을 지원하게 되었다. 신년이 되면 필리핀 카비테 국제학교와 연계하여 영어 어학연수를 보낸다. 이를 위해 교회 성도들은 비전헌금으로 마음을 저축한다.

초등학교 5학년에서 고등학교 3학년을 대상으로 1개월 정도 아이들을 섬기고 관리해 줄 교사와 함께 영어 어학연수를 다녀온다. 참여한 아이들은 영어를 대하는 태도가 달라졌다. 그곳에서 단기선교

비전트립을 경험한 아이들은 신앙적 성장까지 가져오니 더욱 감사할 뿐이다. 어학연수 비용을 전액 지원할 수 없는 실정이 안타깝다. 하지만 좀 더 교회가 성장하면 인생의 멘토가 되어 또 다른 다음 세대를 세우는 멘토들이 되도록 지원할 수 있기를 간절히 소망한다.

가정은 천국이 되어야 한다. 가정이 살아야 교회가 살고 세상이 산다. 그래서 군산가정사랑학교를 설립하여 위기가정 부모교육과 청소년 진로캠프를 개최하며 지역의 가정들을 보듬어가게 되었다. 가정은 아이들에게 있어서 천국이어야 한다. 결혼할 때는 사랑하는 사람을 만나 영원히 함께하고 싶어 결혼하지만, 성경적인 결혼 원리를 알지 못하고 따뜻한 가정에서 양육을 받은 경험이 미숙하여 아이들을 버겁게 만드는 것이 현실이다.

그래서 결혼을 앞둔 커플을 위한 결혼예비학교와 부부학교, 아버지학교와 어머니학교를 운영하여 가정이 살고, 교회가 살고, 세상이 살아나도록 하는 사역을 펼치고 있다. 결혼예비학교에 참여하고 부부학교, 어머니학교, 아버지학교를 수료했다고 해서 완벽한 부부는 아니다. 하지만 결혼생활 중 다투게 될 때 결혼예비학교 때 목사님이 해주신 말씀이 생각이 나서 돌아가기도 하고 참기도 한단다.

다음 세대를 향한 우리의 비전은 무엇인가? 신인류라고 하는 X세대인 40, 50대 부모들의 신앙의 울타리가 견고해져야만 청소년, 청년 세대가 살아난다. 따라서 부모 세대의 신앙의 재정립이 필요한 시대이다. 그래서 우리 교회는 가정을 위해 가정교회를 세우는 일에 한 걸음 내딛는다. 아버지, 어머니 학교에 참여하고 난 뒤, 아이들을 바라보는 관점이 달라지므로 갈등의 요소들이 줄고 아내와 남편을 피차 바라보는 관점이 달라져서 서로 돕는 배필이 되었다. 이것이 감사한 일이며, 하나님이 디자인하시고 만드신 가정이 아름답고 행복하여 다음 세대가 견고해지기를 소망한다. 눈물과 웃음과 행복이 있는 가정사역은 바로 그 교회가 계속해야 할 사역이다.

Chapter 05

전설적인 성민 브랜드

막연한 비전은 막연한 결과를 낳는다. 생각의 그림에서 믿음의 발상으로 바라는 것들의 실상이요, 보이지 않는 것들의 증거(히 11:1)가 될 것을 확신한다. 그러기 위해서는 되돌아보고, 자세히 들여다보며, 코로나19가 앞당겨 준 미래를 내다보며 출사표를 던진다. 곧 미래는 무한한 가능성의 열린 공간이기에 지금까지 함께하신 하나님을 신뢰함으로 멘토링이 특성화된 교회의 브랜드를 만드는 것이 가슴 뛰는 내일의 비전이다.

1. 내일이 시작되게 할 사명의 프로젝트

우리 교회는 말씀과 성령의 능력으로 제사 되는 삶을 살아가는 '행복한 교회 살리는 공동체!'로서 하나님의 사람들을 영적 멘토로 성숙시키기 위해 존재한다(마 28:18~20). 이것이 예수 그리스도가 지상에서 선포하신 최대 명령이기에 목회 비전과 사명으로 삼는다. 하나님의 꿈에 우리의 꿈을 포개어 체크 인을 하고 생명을 살리는 공동체로서 3H의 이정표를 뚜렷이 세운다. 작지만 큰 이야기를 세우고 실현하는 교회로서 Happiness(행복), Health(건강), Hope(희망)가 선포되는 하나님의 나라를 실현한다.

2. 큰소리로 외쳐라!

'인생의 멘토를 세우는 성민교회!', '비로소 그리스도인이라'(행 11:26) 일컬음을 받는 내가 바로 성민교회다!
 우리 교회의 중점 사역 비전은 다음과 같다.
 첫째, 멘토링 목회를 교회의 사명이자 존재 이유(마 28:18~20)의 절대가치로 둔다. 여기에 최고의 가치는 골로새서 1장 28절의 말씀대로 한 사람, 한 영혼에 집중하고 그를 세워 그리스도의 온전한 일꾼이 되게 하고, 또 다른 사람의 인생의 멘토가 되게 한다.
 그래서 항존직 멘토학교를 진행하고 수료 후에도 지속적인 훈련과 워크숍을 진행하면서 세워져 간다. 동시에 전교인 관계 멘토링을 형성하여 관심을 갖고 서로 이해하며 끝까지 함께 가기 위해 책임을 지고 상호 간에 존경하고 아낌없는 나눔과 섬김으로 흔들림 없이 견고히 세워간다.
 둘째, 코로나19로 인해 지역 속에서 교회는 혐오단체로 전락했다. 영적, 사회적, 상황적 팬데믹의 난관에서 탈출구는 무엇일까 고민하다가, 쿰 마을 사회적 협동조합을 결성하고 법인 등록을 마쳤다. 이제는 교회가 나눔에서 그치는 것이 아니라 사회적 책임을 안고 예수님께서 그러하셨듯이 동네로 들어가야 한다. 소리 없이 드러내지 않고 동네로 들어가서 그들과 함께 웃고, 그들과 함께 울어야 할 때가 아닌가.

교회 입구에 나누고 베풀고 함께하는 '3GO 공유 냉장고', 사) 사랑의 쌀 나눔 재단 군산지부로 '사랑의 쌀독'을 비치하여 지역의 위기, 소외된 한 사람의 끼니를 나눈다. 집배원과 택배기사, 환경미화원을 위한 '음용 냉장고'를 설치하여 그들의 목마름이 잠깐이라도 해갈되기를 소망한다. 이러한 사역을 통해 교회 앞마당 정원은 마실 나오는 뜨락이 되어 가고 있다.

셋째, 가정이 살아야 교회가 산다. 행복하려고 결혼했는데, 결혼 준비는 하지만 결혼생활을 준비하지 못해서 행복은 잃어버린 채 안으로 들어가 보면 한 지붕 두 가족으로 살아가는 가족 형태들이 많다. 그래서 가정사랑학교를 시작하여 울타리를 고치고 꽃을 심는다. 건강한 교회, 살리는 공동체를 이루어 하나님의 나라가 확장될 것을 기대하며, 이를 위해 지역 기관과 네트워크를 결성하여 세미나를 개최하고 관계전도 시스템을 구축해 가는 역할을 수행해 왔다. 가정사랑학교를 통한 부모교육을 통해 부모와 자녀 간에 이해와 지식을 공유하고, 가족 상담과 자녀 진로상담을 통해 오래 묵은 상처들을 치유하는 지역의 플랫폼이 되기를 꿈꾼다.

넷째, 지역과 함께 나누는 문화 사역의 정서적 공간은 마을과 우리 교회가 하나 되는 시간이다. 2011년부터 매년 가을이면 지역과 함께 나누는 'Good Story' 지역주민 초청 콘서트를 개최하며 마을 사람들과 호흡을 함께 했다. 코로나19로 인하여 2019년부터 현재까지 멈추어 있다가 2021년은 'Good Story Book Concert'로 《작은 교회 큰 이야기》를 출판하는 기회를 주신 하나님께 영광을 돌렸다. '성민교회의 CSR'은 다소 생소한 단어지만 교회가 사회적 책임을 함께 나누어지자는 것이다.

'3GO의 가치 & 같이'는 '나누고 베풀고 함께 하고'의 가치를 두고 우리 지역이 함께, 그리고 보폭을 맞추어 같이 걷는 것을 의미한다. 지역과 교회가 형제가 되고 서로 돕는 관계망을 설치하여 지역의 욕구를 파악하고 그들과 친구가 되기를 바라는 마음으로 우리 동네 공유 냉장고를 설치했다. 월요일부터 금요일까지 오전 10시부터 오후 6시까지 운영한다. 매일 오전 9시 30분쯤 되면 어르신들, 투병하는 청년, 홀로 사시는 남녀 어른들이 공유 냉장고와 쌀독을 방문한다. 그리고 아이들 이야기, 아픈 이야기, 병원 예약해 놓은 이야기들을 내놓고 반찬을 담는다.

이제는 여기에 머물지 않고 환경보호에도 앞장을 서며, 교회가 사회적 공공의 일에도 어깨를 나란히 하고, 세상과 구별되나 함께 하는 그리스도인으로서 하나님께 영광을 돌리는 브랜드를 만든다.

3. 꿈들의 숲을 이루자!

우리 교회는 여성 목회자라는 특성을 살려 '멘토링 목회' 브랜드를 세상에 알리고 있다. 그리고 행복한 가정이 곧 건강한 교회임을 증거하는 전문성을 갖추고 주 1회 가정예배와 영혼의 감사일기 쓰기를 병행한다. 어린이, 청소년, 청년부의 토요 모임 역시 차별화가 되어 교사 멘토링 매칭 사역에 중점을 둔다. 사역 중심의 소그룹과

'갓(God)가지' 동아리 모임이 활성화되어 행복, 건강, 희망을 선물하는 교회 공동체로서 작은 꿈들이 모여 큰 숲을 이루어 가고 있다.

바로 그 교회가 그 지역에 있어야 하는 이유는 분명하다. 예수님께서 동네로 들어가셨던 것처럼 우리 교회도 이 지역과 함께 숨을 쉬고 바라보며 숲을 이루고자 한다. 작은 교회가 만들어낸 큰 이야기는, 오병이어처럼 작은 아이가 보리떡 다섯 개와 물고기 두 마리를 굶주림 가운데 드림으로 권리를 포기한 헌신의 노래였다. 그 하나님의 이야기가 작은 시내를 이루고 강을 이루어 그 물이 흘러가는 곳마다 모든 생물이 살아나기를 소망한다.

> "너희는 우리로 말미암아 나타난 그리스도의 편지니 이는 먹으로 쓴 것이 아니요 오직 살아 계신 하나님의 영으로 쓴 것이며 또 돌판에 쓴 것이 아니요 오직 육의 마음판에 쓴 것이라"(고후 3:3).

작은 교회가 만들어낸 큰 이야기는 기도하며 만들어낸 틈의 노래였고, 편지가 되어 공생, 공유, 공감의 숲을 이루어 안식을 제공할 것이다. 그 숲을 위해 4인 1조로 한국의 건강한 교회들을 탐방하고 돌아왔다. 한 공간에서 호흡하고 커피와 음료를 나누며 미처 알지 못했던 사랑을 발견하고, 역동적인 교회의 모습을 가슴에 담고 오는 그들은 비전의 작은 불을 켰다.

이제 한 나무를 세우고, 또 한 나무를 세워 큰 숲을 이루어 바람을 막아주는 서로의 버팀목이 되고 싶단다. 예수님의 사랑으로 큰 일을 준비하며 값없이 목마름을 해갈해줄 생수의 강물이 채운다.

우리가 그를 전파하여 각 사람을 권하고
모든 지혜로 각 사람을 가르침은
각 사람을 그리스도 안에서 완전한 자로 세우려 함이니
이를 위하여 나도 내 속에서 능력으로 역사하시는 이의
역사를 따라 힘을 다하여 수고하노라
(골 1:28~29)

3장

선순환의 고수가 되기 위하여

Chapter 01

코로나19
틈새 이야기

●

　사람의 마음에는 감정이 있다. 그 감정 표현이 서툰 사람도 있고 익숙한 사람도 있는 것은 그가 어떤 환경과 정서 속에서 성장했는 가도 영향이 있을 것이다. 멘토링 관계가 맺어지고 목양실과 때로는 커피숍에서 만날 때, 쑥스럽기도 하고 멋쩍기도 한 것이 사실이다. 내가 만난 사람과의 관계도 그랬다. 그동안 살아온 이야기들을 나누며 아버지 이야기, 어머니 이야기, 형제들 이야기, 아내, 자녀 이야기를 한다. 그리고 그림을 그려본다. 그가 걸어온 아픔의 시간들이 한 데 모여 생애주기의 밑그림이 그려지고 색깔이 입혀졌구나 싶다. 그리고 오늘을 걸어온 한 주간 어떻게 살았을까?

　하나님이 자기 형상 곧 남자와 여자를 창조하시고 그 가운데 나와 이 사람을 창조하신 것은 예수 그리스도 우리 주와 더불어 교제하게 하시려고 불러주신 것이다. 우리 인생의 도상에서 찾아오신 예수님이 삭개오에게 손을 내미시고 "오늘 네 집에 유하여야 하겠다"라고 말씀하신 것처럼 나도 그에게 조용히 손을 내밀고 마음의 자리를 폈다. 멘토링 시간을 통해 서서히 조명하고 천천히 길을 나선 우리는 예수님을 닮기 위해 언어와 태도와 습관을 하나씩 내려놓기도 하고 방향을 바꾸기도 했다.

감정이 빠르게 반응하여 될 일을 망치기도 하고, 반응할 줄 알았는데 아직도 그 자리에서 일어나지 못하는 안타까움을 목도하기도 한다. 반응이 느려 감정의 시차가 맞지 않을 때도 있었다. 그러나 나도 그렇지 않은가! 한 번 더 생각한다. 그리고 수용했다.

윌리엄 팬택이 쓴 《양치기 리더십》이라는 책이 있다. 양을 치는 목자의 리더십은 그 양의 상태를 한 번 더 파악하고, 이미 문제가 있는 양을 이어받아 일일이 그의 됨됨이를 알아가야 했다. 그리고 일체감 안에서 양치기의 마음으로 그를 품고 안정감을 줄 때, 지팡이와 막대기로 방향을 가르쳐주고 잘못을 바로잡을 수 있도록 한 번 더 생각한다. 1, 2주 차의 만남이 시작되면 《양치기 리더십》을 함께 읽는다. 그리고 15주 차쯤 서서히 삶의 가치 이동이 시작될 때 아버지와 자녀들의 관계가 달라지고 있었다.

그들의 고백은, 자신을 발견하게 되면서 너무도 괴로웠다고 한다. 멘토링 시간이 부담되어 피하고도 싶었고 피했다는 것이 그들의 고백이다. 하지만 가정과 직장과 교회에서 변화가 일어나면서 스스로 지속해야 함을 깨닫는다. 조금은 억지스럽고 부담도 되었지만 서로에 대한 기다림이 필요했다. 코로나19 방역의 틈새에서 피어나는 한 송이 국화는 때로 바람과 비를 맞으며, 뜨거운 태양을 견디며 그렇게 피기 시작하고 또 다른 이들에게 꽃이 되어 간다.

Chapter 02

감정 서랍

•

오늘은 어떤 이야기를 나눌까? 중학교 1학년 어린 소녀가 작은 교회로 들어섰다. 눈망울이 초롱초롱하여 여간 예쁜 여학생이 아니었다. 그 후로 족히 30년이 넘는 세월을 함께 보내온 동지애가 남다르다. 나는 그에게 멘토였고 작든 크든 영향력을 끼친 사람이었으며, 목사가 멘토가 되어 주기를 사모하는 친구다. 그래서 우리는 일주일에 한 번, 혹은 2주에 한 번 정도 만나기를 약속하고 만남을 가졌다.

늘 내면 깊숙이 자리 잡고 있는 그만의 이야기뿐 아니라 바쁜 업무를 핑계로 성도들의 이야기를 들어줄 귀를 열지 못했다. 다만 맡은 일에 충성하는 그를 당근과 채찍으로 담금질할 뿐이지 않는가. 진정한 행복은 목사의 오른팔이 아니라 예수님으로 말미암아 창조된 삶으로의 전환, 하나님의 형상으로 회복되는 진정한 그리스도인의 삶일 텐데 말이다.

멘토링은 멘티의 감정을 들여다보고 나누는 시간이 아닌가 싶다. 감정을 느끼지 않는 사람은 없지만, 표현하고 사는 것은 성격의 영향을 받는다. 매일, 한 주간 있었던 이야기를 나누며 질문하고 질문의 답을 들으며 교제하다 보면 한 시간이 훌쩍 지나간다. 그렇게 혼자 아파할 때 나는 어디에 있었으며, 무엇을 하느라 그의 타들어 가는 외로움을 몰랐던가. 그의 감정 서랍 안에 꼬깃꼬깃 누렇게 변한 한 장의 사진을 연상케 하는 눈물이 하나님을 향한 보석으로 바뀌기를 소망한다.

예수님의 사역에서 키 포인트는 늘 제자들을 찾아 나서며 외롭고 병들고 가난한 사람들 사이에 있었던 것이다. 예수님처럼 양치기는 양들을 찾아 나서야 한다. 그리고 그들의 강점과 약점을 파악하고 공동체 안에서 다른 양들과 함께 살아가는 방법을 찾아가도록 돕는 사람이다. 그들이 안전할 수 있도록, 신선한 풀밭으로 인도 받고 건강하여 친구 양을 세워가도록, 오늘도 감정 서랍을 정리해준다.

문제가 곪아 터져 눈물이 흥건해질 때까지 기다렸던 나의 습관도 정리해 간다. 잘못된 방향으로 가고 있을 때 방향을 잡아줄 수 있으려면 나를 던지는 것 또한 멘토의 몫이다. 그가 모든 것을 할 수 있는 자유도 있지만 경계선을 분명하게 알려주는 것이 양치기의 마음이다. 그리하여 함께하는 시간 속에서 상호 성숙하고 성장해간다.

'국가 부도의 날'이라는 영화에 나왔던 이런 대사가 떠오른다. "위기는 반복됩니다. 하지만 위기는 기회입니다. 끊임없이 사고하고 항상 깨어 있는 눈으로 세상을 바라보는 것을 잊지 말아야 합니다." 그렇다. 코로나19 팬데믹이 가져다준 일상의 변화는 다양하다. 마스크 사용, 손 씻기, 사람 앞에서 기침하지 않기, 사람들을 직접 만나지 않기, 재택근무를 하거나 집에서 공부하기…. 외식문화도 바뀌었다. 우리 모두의 안전을 위한 길이라는 것을 잘 알고 있지만 몸과 마음이 답답한 위기의 날에 단 한 사람, 때로 두 사람, 한 가정, 두 가정의 감정 서랍을 함께 열어갔다. 그것이 멘토링이었다.

Chapter 03

타인의 시선

●

나보다 늘 다른 사람의 형편과 모양을 살피다가 자신의 모양이 바뀌는지조차 모를 때가 있다. 세계에서 가장 부유한 나라를 꼽으라고 한다면 단연 미국이라는 말에 동의하지 않을 사람은 없다. 그러나 끼니를 굶는 사람이 가장 많은 나라도 미국이라는 말에는 적잖게 놀란다. 풍요의 나라에서 빈곤을 경험하고 있다면 요한계시록에 기록된 라오디게아 교회를 향한 목소리를 들어야 한다.

물론 다른 사람들을 살피는 것은 매우 중요한 사역의 일부이다. 그러나 자신도 여백의 공간에서 영성을 살피고 자신의 시간을 돌아보아야 한다.

멘티의 삶에서 가장 중요한 것은 남들이 나를 어떻게 바라보느냐가 아니라 내가 내 자신을 어떻게 바라보고 있는가, 더 나아가 하나님은 나를 어떻게 보시는가 이 두 방향을 함께 바라보는 것이다. 외부나 타인의 시선에서 벗어나 하나의 질문을 던지고 함께 찾아 나서는 여행을 하며 질문에 답을 하고 그 답을 나누며 공허함과 불안과 낮은 자존감을 어느 한 기차역에 내려놓는다.

갈릴리 해변에 다니시다가 예수님은 베드로와 안드레를 부르시고 "나를 따라오라. 내가 사람을 낚는 어부가 되게 하리라"라고 말씀하셨다. 이 말씀에 그들은 곧 그물을 버려두고 예수를 따랐다. 그 자리에서 일어서는 것으로 준비는 했지만 그들은 하나씩 둘씩 제자로서, 사람을 낚는 어부가 되기 위한 사역자로서 구비가 되어 가야만 했다.

한 걸음씩 뗄 때마다 느끼는 것은 하나님은 처음부터 나를 만들고 계셨다는 확신이다. 그리고 내가 만나는 이 친구도 하나님은 만들고 계셨다는 사실 앞에 느끼게 되는 희열이 불안과 초조함을 날려버린다. 타인의 시선에 나를 맞추다 보면 어느 때 내가 행복한지, 어느 때 불행한지, 무엇을 하고 싶은지, 어떻게 가야 하는 것인지 늘 헤매게 된다.

그렇게 가다가 지치면 혼돈과 공허와 흑암이 몰려와서 하고 싶어서 시작한 일이 잘하려고 하는 마음 대신 할 수 없다는 생각 때문에 밀려 떠내려가게 될지도 모른다. 그러나 하나님의 영은 수면 위에 운행하시듯 그를 붙들고 계심을 본다. 하나님께서는 있는 모습 그대로를 사랑하고 기다리며 새로운 멘토로 만들어 가신다. 리더십이란 하나님의 선한 뜻을 선험적으로 알게 하여 또 다른 인생을 세워가는 영향력이 아닐까?

자신의 언어와 습관과 태도를 바꾼다는 것은 참으로 어려운 여정이다. 《익숙한 것과의 결별》의 저자 구본형은 말하기를, 그저 바쁜 사람은 위험에 처한 사람이며 기계가 대신할 수 있는 영역에 몸을 담고 있는 사람 또한 매우 위험하다고 했다. 그리고 반복적인 일로 매일을 보내는 사람 또한 위험하다고 하였다. 그가 진정 성실한 사람일지라도 말이다.

그렇다면 변화를 위해 어떤 것들과 결별해야 할까? 질문하고 또 질문한다. 그리고 그 답을 스스로 찾아가도록 '자기 경영 체크 리스트'를 기록하게 했다.

지금, 바로, 오늘 내가 해야 할 중요한 일은 무엇일까?

Chapter 04
생동감 발전기

　선순환이 상승의 법칙이라면 악순환은 추락의 법칙이라고 했다. 상한 음식을 싱크대 위에 올려놓은 채 시간을 흘려보낸다면 악취와 함께 살아가기로 작심한 것이나 다름이 없다. 신중한 것은 좋으나 성과가 없는 일을 계속한다는 것은 지겨운 일상 속에서 허우적거릴 뿐이다. 부부 관계, 자녀와 부모 관계, 교우 관계, 직장에서 관계망이 흔들리면 상대방에게 원인이 있었다고 말한다. 그것도 한 번이 아니라 매번 그럴 가능성이 높다. 일과 상관없이 지겹다. 상황과 상관없이 지루할 뿐이다. 이런 악순환의 고리를 끊어버리도록 나의 공간에 그를 초대한다. 그리고 함께 멘토링 여행을 떠난다. 선순환의 고수를 꿈꾸며….

무슨 말로 포문을 열까 고민해보지만 내게는 답이 없다. 다만 그의 눈을 바라보고 그가 아파하는 순간을 만지는 멘토이기를 바라며 상담자로서 그의 어깨를 감싼다. 지나온 실수, 실패 이야기, 피해의식 가운데 자멸하고 있는 그는, 정말 이루고 싶은 것이 무엇인지를 잘 모른다. 우선 필요한 것, 하고 싶은 것이 무엇인지 물어본다. 그리고 그것을 통해 진득하게 자리를 차지하고 있던 역청 구덩이에서 벗어날 티켓 한 장을 쥔다.

수많은 실패 위에 누군가는 고수가 된다. 처음부터 누가 천재였으며, 애초부터 누가 전문가였는가. 다만 누군가는 책이 멘토였고, 어떤 이에게는 선생님이, 어떤 제자에게는 담임목사가 멘토였기에 선순환의 고수가 되어 있는 것이다. 그는 바람의 방향을 바꿀 수 있는 힘은 없지만 사용할 줄 아는 사람이 되어가고 있는 게 아닐까?

그런 사람을 세우기에 충분한 인생의 멘토를 세우는 교회, 제자가 되기를 꿈꾸며 고즈넉한 저녁에 커피숍 한 자리를 나눈다. 시원한 자몽에이드를 목으로 넘기며 '선순환의 고수'가 되기 위해 '자기 경영 체크 리스트'를 점검한다. 조금은 수줍고 부끄럽기도 한 자신의 정원에 돗자리를 펴고 눈물의 근원지를 찾아간다. 힘들었을 게다. 서러웠을 게다.

멘토 앞에서 묻어둔 이야기를 꺼내던 그는 지난 시간은 아팠지만, 오늘은 예수 그리스도의 생명을 얻고 더 풍성히 얻음으로 생동감이 넘친다. 영상을 편집하고 만들어내다가 잘 안 될 때는 성령님께 의지하고 잠시 숨을 고르는 여유를 갖게 되었다고 한다. 그때 모든 지각에 뛰어나신 하나님이 마음과 생각을 주장하실 뿐만 아니라 평강과 함께 지혜를 열어 가셨다고 고백함에 또 한 번 감사한다.

그렇다. 즐기는 것은 한계를 뛰어넘는 고수의 방법이다. 지속 성장을 가능케 하는 토대가 되도록 멘토는 그와 같은 자리에서 함께 바라본다. 결심이 실행의 방아쇠를 당기고 한 번으로 끝나는 것이 아니라 끈질기게 목표를 향하여 오늘을 질문하며 내일을 열어간다.

멘토링은 한 사람의 인생을 그리스도 안에서 세워가는 여정이며 거룩한 여행이다. 만나는 사람이 다르고, 이야기가 다르지만 천국을 향하여 가는 순례의 길이니 말이다.

만나매 안디옥에 데리고 와서 둘이 교회에 일 년간 모여 있어
큰 무리를 가르쳤고 제자들이 안디옥에서 비로소
그리스도인이라 일컬음을 받게 되었더라
(행 11:26)

4장

인생의 멘토가 되는
첫 이야기

Chapter 01

새로운 땅에 발을 내딛다

» MENTOR : 박선희 권사

내가 무엇을 해야 하는가? 어떻게 해야 하는가? 물음표로 시작하며 거룩한 부담감으로 떨리는 가슴을 부여잡고 멘티와의 만남이 시작되었다. 1년여의 멘토링을 통해 내가 변화한 것이 있다면 순종이다. 순종하는 마음으로 시작했다. 목사님은 "멘티와 잘 놀아"라고 하시지만 나에게는 누구와 대화하며 노는 것이 익숙하지 않았다. 한 사람을 세워가며 그리스도인으로 살아가는 것이 무엇인지 나 자신조차도 만들어가고 있는 중이었다. 멘티와의 만남은 하나님 중심, 교회 중심으로 세워져 어떻게 하면 진정한 그리스도인으로 살아갈 수 있을까에 초점을 맞추면서 서로를 의지하며 관계 맺기에 우선을 두었다.

처음에는 무슨 이야기부터 꺼내야 하는지 머릿속이 하얗게 되었다. 그때 멘티에게 유머스러움이 있어서 다행이라고 생각했다. 그의 일상을 들으며 내가 부끄러울 때도 있었고, 또한 지금까지 잘 버텨 준 고마운 사람임을 새삼 알게 되었다. 멘티와 함께 이야기를 나누면서 믿음의 뿌리, 믿음의 유산이 참 중요함을 알았다. 멘티의 고백 속에 믿음의 가정 못지않게 흔들리지 않고 그 자리를 꿋꿋하게 지킬 수 있었던 것은 말씀 훈련이었다는 고백을 들었다. 주일 예배 때, 목사님께서 전해 주시는 말씀으로 버티며 훈련됐다고 고백하는 그가 자랑스러웠다.

일주일에 한 번의 만남이 처음에는 다소 무겁기도 하고 부담도 되었지만, 어느새 어색함이 풀리며 '오늘은 멘티에게 어떤 하나님의 일하심이 있을까?' 하는 생각에 오히려 궁금해지고 기대가 된다. 하루하루를 살아가는 일이 다람쥐 쳇바퀴 돌듯 하지만, 돌아보면 하나님의 계획이었고 하나님의 일하심이었음을 고백하며 서로 웃을 수 있어서 행복했다.

또한 기도제목을 나누고 서로를 위해 기도의 동역자가 되었다. 다른 사람에게 나의 일상을 이야기할 수 있는 것은 용기이며 신뢰라고 생각한다. 나의 이야기를 꺼낸다는 것은 참 어려운 일이지만 피차 비밀을 보장하고 신뢰하니 문제 앞에 자유로워질 수 있는 통로가 되었다. 나의 일상이 그의 집에도 있어 못 넘어갈 산이 없음을 깨닫게 되고 서로 공감하고 서로를 위로하는 시간이어서 참 좋다.

멘티와의 만남이 10회를 넘어가게 될 때쯤, 그보다 나에게 변화가 생겼다. 언제나 나의 눈은 멘티를 찾고 그가 어떤 상태인지 관심과 사랑으로 보살피게 되었다. 또한 멘티에게 비치는 나의 모습을 살피게 되었다. 외적인 모습을 떠나 그리스도인으로서 본이 되지 못하거나 멘토로서 아름답지 못한 모습을 발견할 때면 쥐구멍을 찾게 된다.

이전에는 신경 쓰지 않던 부분이 신경 쓰이는 걸 보니 멘토링은 상호 성장과 성숙이라는 말씀이 이해된다. 변화라고 해서 거창한 것이 아니었다. 책 읽는 습관이 없던 내가 책 한 장을 넘김이 변화이며 계단을 걸어 올라가는 것, 다이어트로 저녁에 야식을 먹지 않는 것이 변화이듯, 나에게 작은 순종의 몸부림과 멘티에게 관심 있음이 변화였다.

멘티에게서 변화를 발견함은 기쁨 그 이상이었다. 나의 멘티는 지금 안전한가? 멘티를 위해 먼저 달려가 부족하지만 멘토인 나의 모습을 보고 배울 수 있도록 앞장서서 행동했다. 나는 멘토라는 것을 알고부터, 함께 행동하고 함께하는 것이 얼마나 중요한지를 깨닫게 되었다.

올 여름 수련회는 변화의 현장을 확인하는 계기가 되어 감사하며 하나님께 영광을 올린다. 수련회를 계획하고 진행위원으로 함께 사역할 기회가 있어 무엇보다 기뻤다. 물론 부족함이 보였지만 서로 채워가고 좋은 점을 칭찬하며 상호 간에 지지해주고 함께 갈 수 있었다. 멘티에게 더 관심을 가지면서 그의 성품을 알아가는 계기가 되었고, 성령님의 도우심으로 멘토와 멘티가 같은 자리에서 사역할 수 있었다. 누가 시켜서가 아니라 믿음으로 발을 내딛는 자에게 주시는 하나님의 축복임을 알고 내 몸이 움직이고 있음을 발견할 때 감사함으로 찬양한다. "주님, 영광 받으소서!"

멘티와의 만남을 매주 기록으로 남김으로써 얻는 유익이 있다. 생각을 정리하면서 그냥 수다만 떠는 시간은 아니었는지, 서로에게 영향력을 얼마나 주었는지, 다음에는 그러지 않아야지 하는 마음을 정리하고 돌아보게 된다. 내가 나의 멘토로부터 받은 기록 노트를 보며 '참 애쓰셨겠다. 고생하셨겠다'라는 생각이 들었다. 기록 노트 속 나의 많은 이야기들을 읽으며 기쁨도 있고 슬픔도 있었다. 더불어 아픔을 나누면서 많은 것을 공유하고 있었음을 느끼며 감사했다. 나도 매주 기록하는 것이 쉽지만은 않지만, 기록하면서 멘티에 대해 기도가 되고 멘티를 더 많이 생각하게 되어 감사했다.

나의 멘토링 이야기는 한 사람을 세워가기 위한 첫걸음으로 앞에서 말한 것처럼 순종으로 시작되었지만, 감사로 마무리할 수 있어서 감사하다. 인생을 세우는 멘토로서 시작은 미약하지만 나중은 창대하리라는 꿈을 품어본다.

바울은 그를 만나는 사람들에게 하나님의 사람으로서 그리스도인이 되기까지 "나를 본받으라"라고 하였다. 이 말은 차마 나는 입에 담기 부끄럽지만 예수님을 본받기 원하는 마음으로 나의 멘티를 위해 기도하며 함께 동역자로 세워가고자 힘쓸 것이다.

❀ 나의 멘토

» MENTEE : 김경은 집사

　멘토나 멘티 그리고 멘토링이라는 말은 귀에 익숙하지만 내게는 먼 이야기인 줄만 알았다. 어쩌면 관심조차 없었던 일인지도 모른다. 누군가와 일대일의 관계 내지는 대면이 왠지 낯설고 부담스러운 나의 성격 때문이다. 내향적인 나의 성격은 사람들 속에서 에너지를 얻기보다는 내 안에서 스스로 에너지를 얻는 편이기에 꼭 해야 하는 일이 아니라면 웬만해선 안 하는 편을 선택한다고 말할 수 있다.
　사람들은 나의 성격이 너무도 밝고 활기차고 사교적이라고 하지만 그것은 노력과 세월의 연륜으로 조금씩 달라진 모습일 뿐, 나는 전형적인 내향성 기질을 가지고 있다. 내면의 내가 치유되고 싶지만 스스로 치유되지 않는 것들은 그냥 가슴 한쪽에 구겨 넣고 치유된 듯 착각하고 살아온 건 아닐까 싶다.

　나의 멘토를 만나고 그를 신뢰하다 보니 어느새 속마음을 열고 내 이야기를 하고 있는 나를 대면하게 된다. 꾸밈없는 대화 가운데 있는 그대로의 모습만으로 공감하고 위로받고 성장하는 것에 감사함을 느끼게 된다. 만남의 회차를 거듭할수록 멘토링 시간이 기다려진다. 함께 주일 말씀을 나누고 목요일마다 보내주시는 3분 영상을 듣고 집중하다 보니 주일에 놓쳤던 부분을 찾고 서로 나눔으로 행복하다. 그리고 주먹구구식이던 신앙체계도 하나씩 배워가고 성장하는 것 같다. 몰라서 못 했던 부분은 나의 멘토를 통해 배우고 깨닫게 되었으며, 알면서도 안 했던 부분들을 도전해본다. 조금씩 믿음이 세워지고 건강하게 성장하는 발판이 생긴 것을 스스로 느낄 수 있어 감사하고 기쁘다.

멘토링은 사람을 변화시키는 것 같다. 무엇을 가르쳐주고 배우는 입장이라기보다 서로서로 지지해주고 성장하며 배워가는 것 같다. 서로의 문제를 기도로 세워줌으로써 자연스럽게 기도의 시간을 늘려갔다. 하나님의 말씀으로 은혜받고 주일의 말씀만으로 일주일을 버텨내던 것들이 주중에 말씀을 한 번 더 짚어 봄으로써 마음이 흔들릴 만한 시기에 다시 한번 붙들어 일으켜주니 믿음의 길에서 만난 멘토요 동역자에게 감사한다.

나의 시작은 미약하지만 나중은 창대하리라는 기대와 비전을 가지고 이제는 가치와 의미 있는 삶을 향해 1mm의 변화를 꿈꾼다. 함께 도움닫기를 해주는 내 편이 생긴 것 같아서 든든하고 자신감도 생긴다. 원래도 좋아하고 닮고 싶었던 권사님이지만, 멘토링을 시작하면서 더 친밀해지고 가까워졌으며 교회에 가도 눈에 먼저 띈다. 그리고 가족 같은 편안함이 생겨 좋다. 모르는 건 부담 없이 묻고 배우려고 하는 내 모습에 스스로를 칭찬하게 된다.

긍정적인 마인드, 생각의 변화, 삶 가운데 만나는 문제의 재해석, 이것이야말로 멘토링이 준 가장 큰 변화이다. 내가 멘토를 만나 배우고 느끼고 공감하고 하나하나 성장했듯이 나 또한 다른 누군가에게 인생의 멘토가 된다면 그를 위해 기꺼이 시간을 내어주고 그의 말을 경청해주며 지지해주고 함께 가면서 서로 성장하고 성숙해지는 멘토가 되고 싶다.

변화할 수 있는 길을 열어주시고 인생의 멘토를 만나도록 인도해주신 주님께 감사한다. 하기 싫었지만 할 수 있도록 지지해주시고 변화의 뿌듯함을 느끼도록 인도해주신 목사님께 감사드린다.

또 나를 위해 기꺼이 시간을 내어주고 힘이 되어 주는 나의 멘토 박선희 권사님께 감사하며 하나님께 모든 영광을 올려드린다.

❋ 나의 작은 변화의 시작

》 MENTEE : 임지윤 집사

    이름만 집사였던 내게 멘토가 되어 주신 집사님, 목사님을 통해 늘 깊숙이 만나주시는 하나님께 먼저 감사와 영광을 올려드린다. 성도에서 초년병 집사가 된 나는 맞벌이 부부로 세 자녀를 양육하면서 여유 없이 살다 보니 어느새 신앙생활 7년 차가 되었다.

    나 자신을 정의할 때 대표적인 키워드는 '워커홀릭, 번 아웃, 분노조절장애, 부정적, 무기력, 우울감, 대인기피, 자기 비하' 등등 늘 교회와 사회에서 너무 다른 모습으로 살았기에 정죄감에 빠져 있었다. 일을 쉬고 싶었지만 경제적인 이유로 1년 더 하기로 결정하고 마지못해 버틴 2021년의 직장생활은 감사할 리가 없었다. 주일 설교 말씀을 들을 때에는 기도를 회복해야 하는 것도, 나의 결심과 결단이 필요한 것도 알지만 무기력감과 바쁜 일상 속에서 핑계만 늘어갈 뿐이었다.

    2022년이 되자 모든 것이 한꺼번에 터져 나왔다. 몰두하던 일들을 내려놓고 나니 우울함과 절망감, 외로움과 자기 비하가 모든 생각과 일상을 지배하게 되었고, 모든 삶을 포기하고 싶어졌다. 하나님 아버지에 대한 갈급함과 사모함은 늘 있었지만, 이유를 알 수 없는 맹목적인 갈급함 또한 부끄러웠다. 꽤 괜찮은 사람이고 싶었는데 삶을 살아낼수록 인정하고 싶지 않지만 곁에 두고 싶지 않은 부성석인 사람일 뿐이었다. 지독한 자기애와 쓸데없는 자존심, 미움과 상처,

원망, 변화가 없는 내 모습과 두려움 속에서 요동하는 내 마음을 마주할 때 내려놓지 못하는 모습이 구제불능처럼 느껴졌다.

그런 마음 상태에서 한편으로는 멘토링에 대한 기대감, 한편으로는 두려운 마음 가운데 멘토와의 만남이 시작되었다. 처음 몇 주 동안 앞서 말한 마음 상태를 나누고 돌아온 후에는 괜한 말을 꺼내 놓은 것 같아 후회스럽고 부끄럽기도 했다. 밑바닥을 드러내 보인 것 같아서 다음 만남 때에는 너무 솔직한 이야기는 자제해야겠다고 생각했다.

그러나 결심과 달리 매번 무장해제가 되어 봇물 터지듯 쏟아내어 놓았고, 나의 멘토는 늘 조용히 경청해 주었다. 나의 멘토는 내 눈에는 늘 주님의 일에 순종하시는 분으로 보인다. 기드온 300 용사의 몫을 해내는 분이었기에 평소에 존경했고 그런 멘토를 볼 때마다 닮고 싶고 돕는 자가 되려고 하는데, 힘이 되기는커녕 짐이 되는 것 같아 죄송한 마음이었다.

4개월가량 지난 어느 날, 운전 중에 멘토링 만남이 있는 날이 아닌데 멘토에게서 "오늘 암송말씀인데 집사님이 생각나서요. 함께 나누고자~^^ 오늘도 파이팅하세요"라는 카톡이 왔다. 이 연락은 내 마음의 문을 두드렸다. 나는 밝아 보이지만 내향적이어서 까칠하고 차가운 사람으로 보일 것이라는 생각 때문에 자유롭지 못하다. 내가 다가가지 않으면 다가오는 사람이 없는 것이 늘 마음 한구석의 아픔이 되었다.

부담스러우면서도 말씀 묵상에 대한 갈증이 있었는데 누군가 나를 생각하며 먼저 보내온 이 짧은 말씀 문자가 내게는 큰 감동으로 다가왔다. 말씀 암송에 취약한 편이라 잘 외우지 못하지만, 보내주신 말씀이니만큼 나도 암송해보고 싶은 마음에 말씀을 여러 번 소리 내어 읽고 암송하다 눈물이 와락 쏟아져 내렸다.

> "볼지어다 내가 문밖에 서서 두드리노니 누구든지 내 음성을 듣고 문을 열면 내가 그에게로 들어가 그와 더불어 먹고 그는 나와 더불어 먹으리라"(계 3:20).

"얘야, 여기 봐봐~. 내가 문밖에 서서 두드릴 때 내 음성이 들리면 문을 열어주겠니? 나는 너와 함께하길 기다렸단다." 마치 주님이 내게 말씀하시는 것 같았다. 그토록 인격적으로 만나주시기를 간절히 원했는데 정작 나는 문밖에 서 계시도록 했구나…. '아버지, 말씀으로 찾아와 주셔서 감사합니다. 제가 마음을 활짝 엽니다. 들어오셔서 저와 함께해주세요.' 홀로 운전하는 차 안에서 하나님을 향해 터진 울음이 멈추질 않았다.

그 후, 2개월이 더 흘렀다. 정기적으로는 매주 금요일, 지역의 빵 나눔 전도도 하고, 물품 배분하는 곳에 물건을 실어 오기도 한다. 오가는 차 안에서 멘토와의 만남을 통해 한 주간의 일상을 나눈다고 생각했는데, 그 시간을 되돌아보니 1대1 멘토링을 통해 누군가의 무한한 지지와 사랑 안에서 감사와 기도의 회복으로 하나님을 더욱 더 깊이 만나게 되는 나를 발견하였다.

　삶 가운데 일어나는 문제들로 요동치며 넘어지려 할 때, 멘토를 통해 고난 속에서도 나와 함께하시는 주님을 발견하게 하셨다. 어느 때는 각자 일주일의 삶 속에서 같은 뜻, 같은 마음을 주셔서 교제하게 하시고 삶의 전 영역에서 아버지를 알아가게 하셨다.

　다른 길로 잘못 들어섰을 때는 지적이나 훈계 대신에 나 스스로 바른 길로 돌아오도록 중보기도를 통해 묵묵히 기다려주신 멘토 덕분에 합력하여 선을 이루시는 하나님의 역사하심을 볼 수 있었고, 무엇을 보고 무엇을 들어야 할지 삶에서 알 수 있었다. 주님과의 인격적인 만남을 늘 갈망하고 언제쯤 만나주실지 기대했던 내게 멘토링을 통해 작은 변화를 일으킬 수 있도록 이미 만나주셨고 늘 사랑으로 함께 계셨음을 알게 하셨다. 멘토는 나를 응원하고 자기 자신보다 잘되기를 바라며 자신이 살아낸 삶을 통해 내가 어떻게 살아가야 하며, 주님과 어떻게 교제해야 할지 가르쳐주었다.

　멘토링을 통해 닫힌 마음을 만져주시고, 예배를 통해 결단하게 하시며 주님과 동행하는 삶 속에서 찬양과 경배로 영광을 돌리게 하시니 감사하다. 여전히 부족하지만, 나에게 일어난 작은 변화는 주님께서 나와 동행하신다는 증거이다. 칠흑 같은 바다 위에서 풍랑으로 두려워 떨지라도 그때마다 나를 지지해주고 기다려주는 주님과 멘토가 계시기에 얼마든지 나아갈 수 있다. 그리고 나도 누군가를 세워주는 인생의 멘토이기를 소망한다.

❋ 가능

> » MENTEE : 문미래 청년

"나의 사랑하는 자가 내게 말하여 이르기를 나의 사랑, 내 어여쁜 자야 일어나서 함께 가자"(아 2:10).

"사람이 감당할 시험밖에는 너희가 당한 것이 없나니 오직 하나님은 미쁘사 너희가 감당하지 못할 시험 당함을 허락하지 아니하시고 시험 당할 즈음에 또한 피할 길을 내사 너희로 능히 감당하게 하시느니라"(고전 10:13).

나는 나의 속도가 느린 편이라고 생각했다. 눈앞에 절경이 펼쳐진다 해도 그 가치를 알아보기까지 오랜 시간이 걸렸다. 살면서 본 어떤 산보다 크고 웅장하며, 물안개를 만드는 거대한 폭포가 있는 산에 가더라도 감탄사 하나로 표현되곤 했다. 물론 나의 감탄사 안에는 내가 보고 느낀 상황이 담겨 있었다. 그것을 남이 보기 쉽게 표현하기가 어려웠을 뿐이다. 나의 감탄사가 나오기까지 내 머릿속을 거친 것들을 곱씹으며 생각할 시간이 필요했다. 그런 시간을 가져야만 큰 산이 '내가 본 큰 산'으로 가치를 지니게 된다고 생각해왔다.

하지만 세상은 생각보다 더 복잡했다. 나에게 더 정확하고 긴 답을 원했다. 나는 낭황스러웠다. 준비되지 않은 나에게 정리된 대답을 원하는 사람들 앞에서 내가 보고 느낀 것을 감탄사 하나만으로 말할 수는 없었다. 분명 나는 거대한 산의 분위기에 압도되었고 시원함과 까마득함을 동시에 느꼈으나, 그것을 온전히 전달하기에 나의 속도는 너무나 느렸다. 그렇기 때문에 세상의 속도와 나의 속도 사이에 접점을 찾고, 그 간극을 좁혀가야 했다. 나는 거쳐야 할 많은 생각의 길에서 지름길을 찾아 빠르게 통과했다. 산책해야 할 그 길을 뛰어온 주제에, 하나씩 걸어온 척하는 거짓말쟁이가 됐다.

문제는 여기에 게으름과 무계획성이 더해지면 이전보다 더 많은 에너지가 필요해진다는 것이다. 안 그래도 느린 속도에 시간조차 없으니. 더 빨리, 더 많이, 더 좋은 정보를 후루룩 머리에 넣고 흘리는 걸 반복하게 됐다. 스스로 판단했을 때 필요한 정보는 빠르게 저장하고 필요하지 않은 정보는 버렸다. 하지만 그 판단 기준은 모호했다. 청소년 때부터 지속적으로 반복했던 이 과정이 익숙해질수록 나는 엉뚱한 사람이 됐다. 이 엉뚱함은 최근에서야 위기를 맞았고 내 태도 전환의 시발점이 되었다.

대학 졸업반이 되고 앞날을 고민하며 불안해하던 나는 창업이라는 생각지도 못한 길을 선택하게 되었다. '선택했다'가 아닌 '선택하게 되었다'의 형태인 이유는 "창업"이 온전한 나의 선택은 아니라고 생각했기 때문이다. 당시 나는 간을 보고 있었다. 음식이 맛있게 완성이 될 때까지 여러 양념을 더해가며 완벽한 조합을 찾기 위해 하는 간 보기. 나는 그 간 보기를 음식이 아닌 내 미래와 교수님과 부모님, 친구들을 끼워두고 하나씩 조절해가며 지속했다. 무엇을 해야 재밌게 일할 수 있을지 고민하던 나의 판단 기준에 맞춰 선택지를 바라보았다. 이때가 사건의 발단 지점이었다. 소설의 구성 단계(발단, 전개, 위기, 절정, 결말) 중 배경과 등장인물을 소개하고 주인공이 목표를 세우는 그 단계. 얼마나 무책임하고 편안한 생각이었는지, 지금에서야 소름이 돋는다.

발단에서 창업이라는 사건을 겪은 나는 내가 만든 기업을 잘 성장시키기 위해 목표를 세웠다. 당장 주어진 미션을 통과하고 지원금을 받는 게 내 첫 번째 목표였다. 내 첫 목표는 완벽하게 이루어졌고, 나는 친구들과 그럴듯한 곳에서 우리의 사업을 시작할 수 있게 되었다. 나는 우리의 좋은 시작이 주께서 도우셔서 가능했다는 걸 알았다. 지원금 확정 메일을 받았을 때 기뻐하며 기도했다. 물론 그 전에도 낯선 일, 쉽게 접근할 수 없었던 창업을 겪어내기 위해 마음속으로 기도해왔다. "제가 무엇을 하든 그건 제 것이 아니고 주님의 것입니다"라고 기도했고, 기업의 목표를 하나님의 일과 연관 지어 세웠다. 나의 기업이 내 필요를 위해 세워진 것이 아니고 주님께서 쓰실 계획이 있기에 만들어졌다고 생각했다. 그럼에도 전개와 위기, 절정은 빠르게 찾아왔다.

나는 많은 일거리를 가져왔지만 우리 팀의 피로도를 예상하지 못했다. 우리의 현 상황을 제대로 인지하지 못한 채 운영하겠다고 달려들었다. 여기에 교수님의 날카로운 지적이 들어왔다. 같은 이야기를 들었음에도 내가 남과 다르게 인지한다는 지적. 교수님은 웃음과 엉뚱함으로 나의 문제를 간단하게 짚고 넘어가셨지만, 나는 그 말씀이 어떤 것인지 이해할 수 있었다. 앞으로 많은 사람을 만나고 수많은 이야기를 나눠야 할 내가 말귀를 못 알아듣는다는 것은 문제가 될 수 있었다. 내 얕은 지식에 기대어 알아듣지 못하는 말은 흘려듣고, 흥미가 끌리는 말만 받아 적던 내 엉뚱함이 이제야 위기를 맞은 것이다.

이 발단의 단계에서부터 예고되었던 상황이기도 하다. 지름길만 보더니 고속도로를 뚫어버렸다. 볼 것을 보지 못하고 지시해주는 이정표만 따라 속도를 높인 꼴이었다. 이미 시작된 위기는 난생처음 해보는 세무, 서무 등 쌓여가는 일과 끝없는 요청, 모르는 것들 사이에서 더 크게 다가왔다. 나는 모르는 사람과 명함을 주고 받아야 했고, 내 사업을 끊임없이 설명하고 평가받는 자리를 거치며 스트레스가 극에 달했다.

내 자리가 버거워지는 상황에서 여유가 사라지자 나는 함께하던 친구들에게도 더 많은 것을 요구하게 됐다. 내가 고민하는 만큼 일해주기를 바랐고, 평일과 주말을 가리지 않고 온갖 서류를 작성했다. 하지만 일을 할수록 답답했고, 겁이 났다. 항상 이런 식으로 해야 하는 거라면, 내 시간과 쉬어야 하는 타이밍은 언제인지 감이 오지 않았다.

막막한 상황에서 나는 교회를 찾게 됐다. 일에서 벗어나서 내 이야기를 편하게 하고 웃으며 활동할 수 있는 곳. 명확한 진리인 복음을 믿으며 건강한 크리스천이 모이는 따뜻한 우리 교회에 가는 시간이 반가웠다. 어지러운 곳만 보다가 믿음으로 묵묵히 활동하시는 집사님, 권사님, 장로님, 목사님을 보며, 나도 조금씩 생각을 바꾸기 시작했다. 글의 맨 처음 소개했던 내 느린 속도대로 고민의 여정을 떠났다. 주일에 전해 주시는 말씀에 집중하고, 청년부 성경공부에서 들려주시는 말씀에 집중했다. 내 현 상황과 말씀을 함께 생각하다 보니 다른 사람들과 다른 속도로 따라갔지만, 그 어느 때보다 말씀을 오래 묵상하는 시간을 가지게 됐다.

그게 바로 서두에 적어둔 2개의 말씀 구절이다. 내가 생각하는 하나님이 가장 잘 표현된 아가서 2장 10절, 몇 달간 꾸준히 나에게 다가왔던 고린도전서 10장 13절 말씀이다. 아가서 말씀이 내게 힘을 준다면 고린도전서 말씀은 나에게 의지와 결단력을 더해주었다. 특히 나의 사업과 밀려오는 일들이 짐과 같던 시기에 고린도전서 말씀은 나에게 그 무엇보다 달았다. 우리가 감당할 시험만 허락하신다는 주님, 시험당할 즈음에 또 피할 길을 주셔서 능히 감당하게 하신다는 주님, 주님은 내게 평안을 주셨다.

내가 느낀 평안을 앞의 이야기와 같이 길게 적을 수는 없다. 글의 처음부터 지금까지 말한 것처럼 나는 느리기 때문이다. 지금은 아니지만, 이 일도 시간이 지나 충분히 사고하다 보면 이 글보다 몇 배는 길게 적어낼 수 있을 것이다. 더 많은 내용이 추가된 영상으로 만들어낼 수도 있다. 어떤 형식이든 지금과 같이 말씀을 중심으로, 목사님과의 멘토링을 통해 성장한 나를 주 안에서 잘 표현해내길 기도한다. 아멘.

❋ 하나님을 알고 예수님을 배우다

» MENTEE : 채희주 청년

나는 아직 멘토링을 시작하지는 않았다. 하지만 목사님께서 곧 시작하니 시작하는 마음에 대한 글을 써보지 않겠느냐는 말씀을 하셔서 솔직한 마음을 쓰려고 한다.

나는 아직 누구의 멘토가 될 만한 사람이 아니라고 생각한다. 다소 감정이 앞서는 사람은 할 수 없는 일이라고 생각하기 때문이다. 하지만 지나가는 말로 "그 걱정을 하고 있다면 충분히 자격이 되지 않을까?"라는 말을 들으니 나도 한번 시작해보고 싶다.

아직은 갈 길이 멀지만 시작할 때 끝을 알고 시작한다면 재미가 없지 않을까? 도전정신과 모험심을 한껏 올려보자. 청년모임에서《인간과 하나님》성경공부 교재를 통해 나누었지만 멘토링을 할 때 다시 한번 배워보면 좋겠다. 나는 이 책을 고한나 목사님께 한 번, 김호연 목사님께 한 번, 총 두 번 배웠다. 배우면 배울수록 깊이가 끝이 없는 책이다.

내가 느끼는 것에 대해 아주 예민하게 받아들일 때도 있지만 시시때때로 달라진다. 어느 때는 이해가 바로 되었다가도 또 어느 때는 일주일이 지나서야 이해가 될 때도 있었다. 하지만 성경공부를 하고 난 후 스스로 질문이 너무 많아진다. 그래서 곱씹게 되는 것 같다. 나는 멘토링 만남 시간을 생각하면 그 시간이 '나한테 이런 모습이 있었구나' 하는 터닝포인트가 되기를 소망한다. 나의 발견이 하나님이 보시기에 미쁘시도록, 선한 영향력을 끼칠 수 있기를 또 소망해본다. 변화를 갈망하고 발견하며 도전하고 싶다.

자기 형상대로 사람을 만드신 하나님은 왜 자기 형상대로 만들고 싶어 하셨을까? 또 우리를 부르시는 목적이 무엇일까? 물음에 대한 대답은 친밀한 교제이다. 예수 그리스도 우리 주와 더불어 교제하려고 공동체의 삶을 주시는 것이다. 공동체의 삶을 살면서 목적을 잃어버릴 때, 성경을 보면 그 목적이 분명하게 나와 있다.

예수님이 온 목적은 양으로 생명을 얻게 하고 더 풍성히 얻게 하려는 것이다. 내가 일한 만큼, 내가 수고한 만큼 풍성히 얻는 것을 추구하겠지만 진정한 풍성함이란 진리이신 예수 그리스도를 아는 것이다. 예수님을 만난 사람이라면 그리스도 안에서 풍성한 삶을 살고 자족하는 삶을 살아낼 것이다. 내가 지금 풍성한 삶을 살고 있다고 믿는 것처럼 말이다. 간혹 '나는 왜 태어났을까?'라는 생각을 할 때가 있다. 이 생각이 꼬리의 꼬리를 물고 있는 나를 발견할 수 있다. 또한 "내가 하는 일이 있어서 주가 나와 동행하실까?"에 대한 해답을 목사님과 교제하면서 찾았다.

나의 상태를 양과 비교했을 때 비슷하다. 양은 시력이 약하여 친구 양의 뒤를 따라간다고 한다. 그래서 목자가 필요하다. 낭떠러지로 가지 않고, 딴 길로 가지 않을 수 있도록 말이나. 나는 하나님 나라보다 세상에 더 속하여 살아간다. 그러면 안 되는 줄 알면서도 한다. 그리고 또 실수를 한다. 각기 제 길로 가는 사람들... 아니, 제 길로 가고 있는 나. 나는 죄인이다. 그렇지만 나는 주를 믿고 회개한다. '나는 하나님께서 원하는 삶을 살 수 있을까? 내가 할 수 있을까?' 아직까진 답을 내리진 못했다. 나의 구원은 오직 하나님뿐, 나의 참 행복은 하나님뿐이라고 다짐할 뿐이다.

"너는 구원을 언제 받았다고 생각하니?"라고 물어보면 나는 예수님을 인격적으로 대했을 때 구원을 받았다고 생각한다. 구원은 말씀을 근거로 증거하지만 내가 주님을 아버지라고 불렀을 때 나는 구원을 받았다고 생각한다.

인간은 스스로 구원할 수 없으므로 사망을 피할 수 없다. 모든 사람은 제1의 사망인 육체적인 사망이 있고 제2의 사망인 영적인 사망이 있다. 내가 죄인이라고 바닥을 찍고 있을 때 하나님께서 이 또한 해결해주신다. 하나님께서 먼저 손을 내밀어 주시면서 사랑을 표현해주신다.

주일학교 때부터 외우고 외웠던 요한복음 3장 16절 말씀이 있다. "하나님이 세상을 이처럼 사랑하사 독생자를 주셨으니 이는 그를 믿는 자마다 멸망하지 않고 영생을 얻게 하려 하심이라."

처음엔 밥을 먹기 위해서 외웠지만, 그 깊은 뜻을 알기까지 오래 걸리진 않았다. 하나님은 나를 사랑하셔서 나의 죄를 대속하실 예수님을 보내주셨다. 이로써 하나님은 나를 엄청 많이 사랑하신다는 것을 보여주셨다. 나는 그에 대한 보답을 할 수 있을까? 내가 죄인이고 내가 못났는데 아무런 대가 없이 나를 사랑하신다니 이게 수지

타산이 맞는 사랑일까? 또 나의 죄 때문에 자신의 아들이 대신 죽
는다? 나한테 얼마나 많은 것을 바라시면 아들을 죽음으로 몰아가
시는 것인가….

도대체 내가 뭘 어찌 할 수 있을까? 이렇게 부담감을 한껏 느낄
때 예수님은 부활을 하셨다. 한번에 답을 주셨다. 예수님은 나의 죄
때문에 죽임을 당하셨지만, 또 나를 위해 사셨다. 그렇다! 그러므로
나는 예수님이 살아 계심을 믿는다. 믿음은 하나님을 따르는 것이
다. 그리고 그의 아들에게 매일 순종함으로 사는 것이라는 말씀을
목사님께서 알려주셨다.

하나님은 우리를 선택의 길로 안내하셨다. 선택지는 믿는 자와
믿지 아니하는 자이다(요 3:18). 믿는 자는 심판을 받지 아니한다(요
5:24). 믿는 자는 영생을 얻는다. 믿는 자 곧 영접하는 자는 곧 그 이
름을 믿는 자이다. 그렇다면 나는 영접을 해서 믿는 것인가? 이 교
재를 보면서 나는 꾸준히 나에게 질문을 던졌다. '나는 예수님을 영
접했을까? 나는 믿는 자로서 올바른 태도를 가지고 있나?'(계 3:20) 예
수님은 문밖에 서서 나에게 문을 두드리고 계신다고 하셨다. 나는
똑똑 문을 두드리시는 소리를 들었는가? 아니면 그 소리를 들을 준
비가 되어 있는가? 그렇다면 들을 준비는 어떻게 하는 것인가?

이 질문을 로마서 10장 9-10절에서 찾을 수 있었다. "입으로 시인
하여." 그렇다. 입으로 옳다고 인정하면 구원받음을 약속하셨다. 이
렇게 쉬운 것을 나는 돌고 돌아 다시 제자리라니…. "주님, 저는 죄인

입니다. 저를 대신하여 죽으시고 다시 부활하신 주님을 믿습니다."

구원의 확신, 풍족한 삶, 믿음의 영접이란 단어가 복된 소리이며 삶의 울타리이다.

《인간과 하나님》이란 책은 보면 볼수록 매력 있다. 시험이란 단어를 정말 싫어하는데 이 책을 읽는 동안에는 시험을 받고 싶다는 생각까지 했다. 그 이유는 그만큼 하나님이 나를 사랑한다고 표현해 주시는 느낌을 받았기 때문이다(고전 10:13). 하나님께서는 내가 감당하지 못할 시험을 허락하지 않으셨다. 하나님이 나를 얼마나 사랑하시는지 알 수 있는 구절이다. 책 마지막 부분에서 나는 묘한 감정을 느꼈다. 영적인 성장의 기쁨을 나도 느껴보고 싶다.

《멘탈을 바꿔야 인생이 바뀐다》라는 책에서 내게 감명 깊었던 구절은 "세상에 별거 아닌 일이 없습니다. 당신이 당신 일을 대충 하기 시작하였을 때 그 일은 별거 아닌 일이 된다는 것입니다"라는 구절이었다. 처음엔 대충 하다가 그 일을 꾸준히 하면 그건 대충 한 것이 아니라고 말하는 것 같았다. 나는 멘토를 하기엔 아직 무섭지만 주일학교 애들이 희주 쌤을 부를 때 한번 해봐도 되지 않을까란 생각이 든다.

나는 28년을 살아왔지만 멘토링 관계를 맺으며 다시 인생을 그려보려 한다. 다시 걸음마를 떼듯이 하나하나 차근히 인생의 멘토가 되는 삶으로 걸어보려 한다. 넘어져 무릎이 까져도, 심적으로 아파 눈물을 흘릴 때에도 '다시 사는 인생이니 그럴 수 있지 아니한가?' 하면서 넘어지면 다시 일어나면 되는 것이다. 그리고 아파서 눈물이 흐르면 그 눈물로 내 몸을 정결케 하며 다시 시작할 수 있지 않을까?

마지막으로 내가 정말 세상에서 선한 영향력을 끼칠 수 있는 사람으로 세워진다면 하나님의 손에 붙들려 맘껏 펼치고 싶다. 기대한다는 말은 실망하게 될까 봐 별로 좋아하지 않는 말이다. 하지만 미래에 나는 좀 기대되는 사람이고 싶다. 멘토링을 통해 가치관이 변화되고 훈련으로 변화되고 싶다. 세상의 가치관이 하나님 나라의 가치관으로 변화하려면 노력도 해야 할 것이며 많은 채찍이 필요하겠지만 그럼에도 불구하고 나는 넘어져도 보고, 울어도 보고, 땡깡도 부리면서 하나님을 알아가고 예수님을 배우고 싶다.

Chapter 02

당신의 일생 중에

» MENTOR : 최정원 집사

　관계 멘토링을 하기 전 목사님께서 어떤 분을 멘티로 생각하는지 물으셨을 때 기도와 고민을 하며 지금 나의 멘티를 생각했고 목사님께 말씀을 드렸다. 목사님이 멘티가 되실 분께도 물으셨을 때 다행히 나의 멘티도 자신에게 과분하다며 굉장히 좋다고 하셨다고 한다. 그 이야기를 들었을 때 누군가에게 내가 좋은 사람으로 기억되었다고 하니 기분이 좋았다. 그래서인지 첫 만남은 부담스럽지도 어색하지도 않았다. 물론 멘토가 된다는 것은 하나님 앞에 거룩한 부담감을 가지고 영혼을 세우는 일이기에 떨리기도 했다.

멘토링을 하면 일주일에 한 번 만나게 되는데 처음에는 시간이 빨리 오는 것 같은 기분이 들기도 하고 멘티도 벌써 일주일이 되었냐고 묻기도 했다. 2주에 한 번의 만남은 더 어색하게 만들었기에 일주일에 한 번은 꼭 만나기로 했다. 멘토링을 하며 멘티가 스스럼없이 이야기해주고 나는 멘티의 이야기에 집중하고 경청하며 이해할 수 있었다.

만남의 횟수가 거듭될수록 멘티가 좋아하는 것은 무엇인지, 싫어하는 것은 무엇인지 관심을 가지며 공감하게 되었다. 다양한 주제를 가지고 이야기를 나누지만 주로 주일 예배 설교를 가지고 나눔을 했다. 그가 예수님을 믿기 전, 사람들과의 관계 속에서 예수님을 믿는 누군가로부터 위로를 얻었다고 한다. 멘티가 '나도 예수님 믿으면 저 사람처럼 해야지' 생각했다는 것이다.

이제 늦깎이 대학생이 되어 학교에서 누군가의 아픔을 위로하며 함께 아파했다는 이야기를 한다. 따뜻한 성품에 온유한 말을 하며 세상 가운데 빛과 소금의 역할을 해내기 위해 성숙하게 삶을 살아가는 모습이 감격이었다.

자녀 이야기를 할 때는 더욱 공감하게 된다. 자녀는 우리가 지킬 수도 자라게 할 수도 없기에 하나님께 맡기자고 함께 기도를 했다. 주일 말씀을 다 지키지는 못하지만 멘토링을 하기 전에 꼭 말씀을 읽고 묵상하며 되새긴다는 말을 고백한다. 일상 속에서 불평하기보다는 감사를 회복히지는 이야기를 니누고 지지한디. 또한 지기 경영을 체크하고 고백하며 평범한 일상에서 이루어지는 일들을 나누는 소소한 대화 가운데 울기도 하고 웃기도 하는 시간이 그저 감사하다.

나의 멘티는 주일 성수를 하지만 가끔은 지키지 못할 때도 많이 있었다. 하지만 멘토링을 하며 주일 대예배와 갓(God)동아리 공동체 예배를 성공하려고 한다. 주일을 온전히 지키며 수요예배, 금요예배를 통해 믿음을 회복하고 있다. 친정엄마가 멀리 계시고 불편한 몸이셔서 교회 출석을 할 수 없고 섭식 장애와 투석을 하는 투병 중에 계신다. 엄마와 전화하게 될 때 성령께서 친히 생각나고 깨닫게 하셔서 주일 말씀인 히브리서 13장 전체를 읽어주며 친정엄마에게 선포하고 기도했다고 한다.

제일 변화된 모습은 교회 행사에 빠지지 않고 참석하는 것이다. 2022년 5월 행복나눔바자회에 참여하여 기쁨으로 헌신하였고, 7월 전교인 여름수련회에 참여하여 함께 기도하며 은혜를 회복하고 하나님의 자녀 된 삶을 누리고 있다. 주일 오후에는 애찬 교제 후 성도들에게 커피를 대접하기도 하는 모습이 너무나 감사하고 그리스도의 향기를 전하는 모습에 감동을 받는다. 비록 연약한 몸이지만 지역 빵 나눔 전도에 참여하며 자신이 할 수 있는 최선을 다해 예수님의 몸 된 교회를 섬긴다.

나는 2021년 목사님과 멘토링을 시작하며 목회 컨퍼런스를 거쳐 누군가를 내 어깨 위에 세우는 인생의 멘토가 되고자 다짐했다. '과연 내가 누군가를 세울 수 있을까?' 하는 두려움이 아직도 내 속에서 요동치고 있다. 하지만 나는 이미 시작했고 기쁨으로 진행 중이다. 나를 위한 삶보다는 멘티를 위한 삶이 참 행복이라는 것을 배우고 있고, 하나님 아버지가 나를 사랑하신 것처럼 나도 사랑하는 마음을 깊이 알아가고 있는 요즘이다. 멘티를 향한 관심과 사랑, 마음과 시간, 물질, 노력과 개발 등 해야 하는 일들이 아직 많이 있다. 하지만 나의 부족한 부분은 하나님께 공급받고 하나님이 채우시고 세우심을 믿기에 담대하게 기도로 나아가고 있다.

멘토링 일지를 작성하면 멘티와 함께 나누었던 이야기를 생각하고 정리하게 된다. 또 나를 점검하고 멘티를 위해 한 번 더 생각하며 기도하게 된다. 멘토링을 하며 기도로 마무리하는 시간이 있지만, 일지를 작성하며 하나님께 멘티를 위한 기도를 할 때는 내가 마음껏 축복할 수 있어 더욱 감사하다. 아직 많은 시간이 남았지만, 일평생 가지고 갈 나의 사명임을 인식하는 것이 또한 감사이다.

부족한 내가 멘토로 쓰이고 있음이 놀랍고, 한 사람의 변화를 지켜보며 함께 성장하고 성숙함에 있어 보폭을 맞추는 나를 보면, 스스로 놀란다. 바라기는 하나님께서 만나게 해주신 멘티의 인생이 나보다 더 잘되기를 소망하고 기대한다. 멘토링을 통해 성숙한 그리스도인으로서 조금도 부족함이 없도록 온전하게 구비되기를 소망한다. 이 글을 쓰게 하신 하나님께 감사로 영광을 돌리며, 나의 멘티가 기쁨으로 누군가를 또 세울 수 있기를 기도하며 기대한다.

❀ 내게 멘토가 생겼어요

》 MENTEE : 김은숙 집사

어느 날 내게 마음을 터놓을 수 있는 친구가 생겼다. 어린 마음에 아버지에게 어리광만 피우던 내가 많이 안쓰러우셨는지 살아가는 동안 마음을 기대며 함께하면 좋을 것 같다고 목사님께서 멘토를 만나게 해주셨다. 감사하기도 했지만 부담감도 있었다.

내 속마음을 누군가에게 이야기한다는 것 자체도 어렵고 힘든 일이 될 텐데 그렇다고 좋은 척, 행복한 척하며 거짓으로 대할 수도 없고…. 어쩌지? 일단 나에게 관심을 가져 주신 그 마음이 감사해서 만남을 가져야겠다는 생각을 하며 정말 단순하게 별생각 없이 멘토를 만나기로 했다. 이것이 첫 번째 멘토링인 줄도 모르면서….

처음으로 둘이 앉아 있으니 서먹서먹하고 표현하기조차 묘한 감정이었다. 분명 어렵고 힘든 사람은 아닌데 단둘이 있다는 것 자체가 조금 신경 쓰였던 것 같다. 어색한 미소를 짓지만 초점을 어디에 두어야 할지, 무슨 얘기를 어떻게 해야 하는 건지, 생각하고 고민하는 찰나에 멘토는 내게 인사를 건넸다. "잘 지내셨어요? 어떻게 지내셨어요?" 먼저 말을 건네며 자신의 일상을 자연스럽게 말하는 것이었다. 조금은 어색했지만 이런저런 대화를 나누다 보니 무엇을 말했는지도 모른 채 첫 번째 멘토링이 시작되었다.

얼마나 둔한 사람인지 두 번째 멘토링이라는 것도 알지 못한 채 멘토가 식사하고 차 한잔 하자기에 딱히 싫어하는 사람이 아니면 거절하지 못하는 나는 "네, 좋아요!" 했고, 우리는 첫 만남보다 좀 더 편안한 시간을 보냈다. 두 번째도 나는 단순히 수다 떨고 밥 먹고 커피를 마시고 그게 다인 줄 알았다. 그런데 훌쩍 지나간 시간들을 더듬어보니 그것이 멘토링 만남이었다.

처음부터 알았다면 부담이 커서 하지 못했을지도 모르겠다. 다만 아쉬운 점은 '멘토링임을 알았더라면 기록을 남겨두었을 텐데…'라는 생각이다. 지금 기억을 더듬어보려니 생각 나지 않는 부분이 많지만, 중요한 것은 만남을 통해서 지금 내 입가에 미소가 지어진다는 것이다. 돌아보니 하나님 아버지께 가는 걸음마가 세월이 지나도 더딘 것을 보시고 안쓰러워서 멘토링의 기회를 주신 것 같다.

돌아보면 나는 별일도 아닌 것에 넘어져 아버지를 신뢰하지 못한다고 하고 아버지가 나를 사랑하신다는 확신이 없었다. 생각해보면 하나님 아버지를 탓하고 원망할 자격이 없다는 것을 알면서도 내 욕심대로 되지 않을 때 나는 아버지가 맞느냐고 들이댔다. 이런 내가 혼자서는 걸을 수 없음을 아시고 불쌍히 여기서서 멘토와 같은 영적인 동반자를 매칭해 주셨나 싶어 목사님께 죄송했다.

신경을 써주신 마음이 감사해서 멘토링에 최선을 다해 충실하자는 생각으로 세 번째로 만났다. 좀 더 편해진 것일까? 어느 순간 내 입에서 불평과 불만, 내 중심적인 생각들을 꺼내놓고 신이 나서 말하고 있었다. 한참을 이야기하고 돌아올 때, '내가 오늘 한 말들에

긍정적인 말이 없었구나. 멘토가 힘들었겠다. 서로 힘이 되고 도움이 되라고 만나게 해주셨는데 오히려 은혜가 떨어지는 힘든 시간이었겠다'는 생각이 문득 들었다. 다음엔 부정적 언어를 조금 줄이고 멘토의 이야기를 더 많이 경청해야겠다고 생각하였다. 그렇게 가랑비에 옷이 젖듯 조금씩 작게나마 내 안에 변화가 일어나고 있었다.

네 번째 만남에서 본격적인 멘토링이 시작된 것 같다. 주일 예배의 말씀이 기억나는지, 멘토링에서 나누는 말씀대로 살긴 힘들었지만 그래도 조금은 나아진 것 같다는 말을 서로 나누며 위로하고 위로받았다. 나는 생각하게 되었다. '한 주간 동안 과연 나는 말씀대로 살려고 했나?' 주일예배 말씀도 까마득히 잊어버리고 살다가 말씀대로 살려고 노력했는지 생각하는 것 자체가 어이 상실이었다.

멘토링 만남의 횟수가 거듭될수록 무엇인가 변화되어야 하는 것에 의미를 두지는 않았다. 나 자신이 누구보다 변화되기에 힘든 인간이란 것을 잘 알기에 나의 목표는 멘토에게 부담이 되고 나를 만나는 것이 피곤하게는 하지 말자는 쪽이었다. 내가 그에게 의지할 수 있는 사람이고, 그도 나에게 의지할 수 있다면 좋은 것 아니겠는가! 이렇게 멘토링의 목표를 세웠다.

그런데 얼마 가지 않아 감사하게도 언어가 달라지기 시작했다. 불평불만이 가득했던 내가 그에게 좋은 기운을 주고 싶은 마음에 스스로 나쁜 언어, 부정적인 언어들을 입 밖으로 내놓지 않고 삼켜버리는 것이었다. 지난날에는 왜 나만 참아내야 하는 건지 슬프고 억울했는데 우리 만남에서는 슬프거나 억울하지 않았다.

그렇다고 나의 모든 생각, 습관, 행동이 다 변화된 것은 아니다. 우선순위가 자기중심에서 타자 중심으로 바뀐 것이다. 어느 순간부터 예배 시간 이후에 생각도 못 해본 말씀들이 궁금해지고, 주보를 다시 한번 보게 되고, 말씀이 깨달아지기 시작했다. 그래서 나는 다시 한번 나의 하루하루를 더듬어 보기 시작한 것 같다. 그러다 보니 성령님이 나와 함께하시며 생각나게 하시고 가르쳐 주시는 분이라는 것을 깨달았다.

일상에서 말씀대로 어떻게 변화가 되어야 하는 것일까 궁금하지만 하나님 나의 아버지께서 서두르지 않아도 괜찮다고 하시며 천천히 발맞추어 걸어 주시는 느낌을 받는다. 그렇다. 나에게 있어 멘토링 시간은 작은 변화에 둔감했던 내가 한 번쯤 생각하는 기회를 갖도록 해주었다. 정신없이 바쁘게 살아가는 나의 일상을 돌아보게 되는 기회도 되었다.

아직은 부족하고 느리지만 한 발 한 발 떼는 어린아이처럼 변화된 내가 말씀으로 살아내는 멋진 그리스도인이 되어 있을 것이라는 소망을 품는다. 오늘도 하나님의 사랑을 닮기 위해 조심스럽게 한 발을 내딛는 성숙한 그리스도인이 되기를 꿈꾼다. 우리 멘토와 손잡고 '어느 날 나도 누군가의 멘토가 되겠지'라는 꿈을 안고 말이다.

❋ 나는 어떻게 살아왔는가?

》 MENTEE : 양승희 집사

나는 큰아이 네 살, 작은 아이가 뱃속에 들어설 무렵 예수님을 영접했다. 물론 어릴 적 할머니를 따라 주일학교 6년 동안 믿음생활을 하긴 했지만, 중학교 시절에 서울로 전학하면서부터 교회에 가고 싶었으나 용기를 내지 못했다.

그러던 중 할머니가 돌아가시고 할머니의 유언으로 가족 모두가 집 근처 교회로 발걸음을 하였다. 하지만 몇 주 나가다가 그만두게 되었다. 마음속에 막연하게 스스로 기독교인이라는 생각만 가지고 있었고, 학교생활 내내 생활기록부 카드엔 당연히 종교를 기독교로 체크하며 살아왔다.

성인이 되고 엄마가 되어 다시금 예수님을 만나니 기뻤고 남편과 큰아이의 손을 붙잡고 임신한 배로 뒤뚱거리며 교회에 가는 발걸음이 행복했다. 믿음생활을 하고 2~3년이 지나니 시험거리가 닥쳤다. 그때 나는 당황스럽고 고통스러워서 문제 앞에 하나님이나 예수님보다 불쌍하고 힘든 나 자신만 보였다.

온 가족이 예수를 믿으니 좋은 일만 있으리라 생각했던 것 같다. 그 무렵 제자대학 훈련 중이었으나 훈련은 훈련일 뿐 나의 삶과는 동떨어져 있었다. 마음이 아파서 기도하니 어디 있는지도 모르는 말씀을 주셨다. 하지만 그저 나에게 참으라고만 하시는 것 같아서 하나님 아버지가 원망스러웠다. 대체 내가 왜 참아야 하는지…. 내 방법대로 내가 심판자가 되어 그것이 범죄인 줄도 모르고 망아지처럼 날뛰면서 내 억울함만을 호소했다.

그리고 섬기던 교회를 떠나 멀리 이곳 군산으로 오면서 나의 삼십 대 시절은 스스로 판 웅덩이에 갇혀 머릿속으로 아는 하나님 말씀만 열거하고 있을 뿐이었다. 근처 교회에 출석은 하지만 기쁨도 없고, 자유도 없었다. 그러다 보니 결단한 것이 '섬기던 교회에서 멀어지자! 멀리 이사 가자!'는 것이었다. 처음 이곳으로 이사 오고 나서는 잘못된 해방감에 흠뻑 취해서 나의 삶 속에 흑암, 공허, 혼돈이 시작된 것을 전혀 눈치채지 못하고 있었다. 사춘기 아이들이 힘들어할 무렵 신앙이 먼저가 아니라 정신을 먼저 차려야 한다고 생각했다. 그때 꿈꾸는 세상 지역아동센터를 알게 되었고 우리 성민교회 예배를 참석하며 하나님은 나를 놓고 계시지 않았다는 것을 알게 되었다.

잘못 살아온 시간들이 후회되고 아팠지만, 자꾸 일어서서 목적지를 바라보아야 함을 깨닫게 되었다. 내가 바라보아야 할 것은 하나님 나라이며 나는 그분의 자녀이니 방향을 돌려야 하는 것을 알았지만, 삶에 주어진 문제들이 너무나 크게 보였다. 목사님이 선포하신 말씀을 통해 하나님 나라를 바라보지만 나는 의지로만 하나님 나라를 꿈꾸었고 실제 삶 속에는 하나님의 음성이 들리지 않았다. 아니, 들려도 외면하고 내 소견에 옳은 대로, 내 고집만을 내세웠다.

자존심이 상하는 것도 싫었다. 날마다 죽어야 하는 것도 싫었다. 손을 들고 찬양하며 "이제는 죽어보겠습니다" 하면서 눈물도 흘렸지만, 예수의 이름 없이 잘난 양승희의 이름으로 자존심은 부활했고, 예수님은 온데간데없었다.

성민교회에 정착하며 하나님께서는 비전을 주셨지만, 목사님께서 가끔 말씀하신 것처럼 주신 비전을 교회 어딘가에 내려놓거나, 보이지 않는 곳에 꼭꼭 숨겨두었던 것 같다. 그럼에도 주님은 내 삶 곳곳에 보물찾기를 해두셨다.

기대하지 않은 곳에서 '아하! 이거 주님이 주신 거였는데…. 맞아! 왜 잊고 있었지?' 하면서 생각나게 하셨고 그제야 성경을 꺼내어 먼지를 털어내고 기도했다. 그런데 습관적 나태함으로 힘써 기도하지 못했다. 하나님께 실망하는 것이 아니라 나 자신한테 실망하며 '이그, 넌 안 돼! 하나님도 너를 사용하려면 힘드실 거야. 이젠 너한테 얼굴을 숨기실 걸!' 하면서 포기했던 때가 많았다.

하지만 멘토링이 마지막 기회라는 생각이 들었다. 그토록 변하지 않는 찐득거리는 악습관! 머릿속에선 고쳐야 하는데 고쳐지지 않는 나쁜 습관들에 대해 기도만 하며 변화는 제자리에서 멈춰버리기 일쑤였다. 멘토링을 하며 목사님이 주시는 질문들은 처음엔 바로 답하는 것을 머뭇거렸지만 일주일 내내, 하루 종일 나 자신에게 질문하게 되니 아프면서도 감사했다. 그리고 그 질문의 답을 성령님께 알려달라고 떼를 쓸 수 있어서 감사했다. 멘토링을 한 지 거의 1년, 고쳐진 것보다 안 고쳐진 습관이 아직 더 많다. 그러나 포기하지 않고 단 1mm라도 고쳐나갈 수 있어서 감사하고 또 감사하다.

나만 보이고 내가 좋아하던 사람들만 보이던 자리에서 내가 원하든 원하지 않든 나와 함께 가고 나를 바라보는 눈길들이 있음에 외식이 아니라 하나님이 원하시는 답을 찾아 온전히 서 있어야 함을 신경 쓰게 되었다. 불과 얼마 전까지는 하나님이 원하시는 답을 못 들은 척했지만, 이제는 "아버지, 죄송해요. 다시 한번 알려주세요. 하고 싶지 않지만 그렇게 해볼게요"라고 애교 있게 말씀드리게 된다.

기꺼이 내 삶의 주인 자리를 내어드리는 것이 이젠 억울하고 답답한 것이 아니라 더 큰 행복이고 자유임을 알아가게 하시는 은혜에 감사하다. 나의 기도제목인 사랑하는 가족, 이웃들에게 교회에 가자고 하면, 하나님 은혜라는 말이 뭔지 모르겠고, 교회에서 "사랑합니다"라고 고백하게 하는 것이 제일 낯간지럽고 힘들다고 한다. 나는 이제 그들에게 말보다 변화된 나의 모습과 행동으로 주님을 증거하고자 한다. 내가 그리스도를 닮은 사랑으로 그들에게 다가설 수 있길 기도하며 나의 자리가 하나님께서 계신 곳임을 감사하고 아버지께 영광을 올려드린다.

❊ 다시 토양 작업을 하다

» MENTEE : 김정래 안수집사

    목사님과의 멘토링 시간은 52년 묵은 토양을 갈아엎는 시간이었다. 매주 한 시간의 만남을 통해 나의 삶을 나누고, 질문 가운데 스쳐 지나가는 많은 생각들을 정리하였다. 먼저 멘토링을 한 아내의 변화와 2차로 시작한 나의 변화로 아이들과 막혀있던 대화의 장벽이 무너지고 공감이 무엇인지, 수용이 무엇인지를 알게 되었다.

    15주 차가 지나면서 네비게이토 교재 기초과정인 《인간과 하나님》을 공부하면서 나와 하나님과의 관계를 다시 정립하게 되었다. 처음 시작할 때는 성경공부라고 생각했는데 시간이 지나면서 말씀 가운데 인도하시는 하나님의 일하심 앞에 나 자신을 회개하며 다시 돌이킴을 무한 반복하고 있다. 말씀의 거울에 비춰진 변화되지 못한 나의 모습이 너무도 부끄럽고, 하나님과 목사님께 죄송한 마음뿐이다. 그래서 날마다 변화하려고 노력하며 생각에서 멈추지 않고 실천의 방아쇠를 당기고 있다. 내 삶의 주인이 나에게서 하나님으로 바뀌니 이전에 느끼지 못했던 참 평안함을 누리고 살 수 있게 되었다. 지금까지 나에게 인내하신 하나님께 감사를 드린다.

    하나님께서는 나를 어머니 태중에 잉태케 하시고 멋진 아들로 태어나게 하셨으며 나를 하나님의 형상대로 창조하셨다(창 1:27). 하나님은 나에 대한 지대한 관심을 보이시고 나를 부르셨다. 내가 사랑하는 우리 예둥이 삼 남매를 관심을 가지고 지켜보듯이 보신다. 나는 하나님의 목적대로 창조된 피조물이다. 그런 내가 세상 죄악 가운데 방황하고 있을 때 사랑의 하나님은 나를 부르셨다. 하나님은 나를 아들 예수 그리스도와 더불어 교제하게 하시려고 세상 가운데서 구별하여 부르셨다.

또 양인 내가 생명을 얻고 더 풍성히 얻게 하시려고 예수님께서 오셨다. 부름받은 내가 길이요 진리요 생명이신 예수님으로 말미암은 풍성한 삶을 살아야 하는데 그렇지 못하는 이유는 내 속에 하나님과 같이 되려는 욕심이 있었기 때문임을 깨닫는다. 나는 죄인이다.

온갖 세상 욕심으로 가득 차서 하나님을 의식하지 않고 세상에 이끌려 살아온 나의 삶은 곧 하나님을 부인하지는 않았지만 하나님 없는 삶이었다. 죄의 깊은 수렁에 빠져서 숨만 깔딱거리면서도 내 안에 하나님이 계신다고, 나는 하나님의 자녀라고 거짓으로 포장된 삶을 살아왔다.

하나님은 왜, 죄인인 나를 양에 비유하였을까? 말씀은 그릇 행하고 각기 제 길로 간 나의 모습 그대로다. 눈이 어둡고 게으르며 고집이 세서 가면 죽는다는 것을 알면서도 죄의 유혹을 선택한다는 것이 죄인 된 나의 습성과 똑같다. 나는 하나님 앞에 두 가지 악을 행하였다. 생수의 근원 되시는 하나님을 버렸고, 스스로 웅덩이를 파

놓고 물이 가두어지길 기대한 것이다.

　세상의 방법대로, 나의 눈에 보기 좋은 대로 선택하고 나서는 하나님이 역사하지 않으신다고 하나님께 원망하며 하나님께 억지를 부리던 나를 회개한다. 하나님이 그려놓은 하나님의 과녁에서 벗어나면 모두가 죄라는 것을 깨닫지 못하고 살아온 지난 삶을 회개한다. 죄로 인해 나와 하나님은 분리되었고 하나님과 나는 원수가 되었다. 지옥행 특급열차를 티켓팅한 상태였다. 그런 나에게 하나님은 하나님 은혜에 의하여 예수님을 믿음으로 말미암아 구원받을 수 있는 선물을 주셨다(엡 2:8~9). 그 구원은 하나님의 전적인 선물이기에 나를 죄에서 구원하신 하나님 은혜에 감사드린다.

　죽을 수밖에 없는 내 죄의 문제를 하나님은 어떻게 해결하셨는가? 하나님은 나를 사랑하셔서 독생자 예수님을 주셨으며 예수님을 믿는 나에게 멸망하지 않고 영생을 얻을 수 있는 은혜를 주셨다. 죄인인 나를 부르시고 자신의 아들을 내어주시기까지 나를 사랑해 주신 하나님은 정말 사랑 그 자체이시다. 육신의 부모인 내가 자녀에게 도저히 상상도 할 수 없는 사랑을 하나님은 내게 주셨다.

　죄 없으신 예수님이 나의 죄를 대신하여 친히 십자가에 달리심으로 나의 죄를 담당하셔서 나로 죄에 대하여 죽고, 의에 대하여 살게 하시려고 희생제물이 되어 주신 것이다. 나의 죄로 인해 분리되었던 하나님과 나 사이를 화목제물이 되신 예수님이 죽으심으로 해결하셨을 뿐 아니라, 나에게 사람들의 예수님을 향한 안내자로 화목하게 하는 직분을 주셨다.

이제 나도 예수님을 닮아 살아가며 누군가에게 예수님을 전하고 예수님의 안내자로 살고자 한다. 내게 맡겨주신 영혼들을 위해 기도하며 찾아가 사람을 세우는 사역을 감당하길 원한다. 어린양 예수님이 나의 죄를 해결하기 위해 십자가에 죽으셨다가 사흘 만에 다시 살아나셔서 부활의 첫 열매가 되어 주심에 감사를 드린다. 나도 부활을 소망하며 예수님의 제자로서의 삶을 살아가길 간절히 소망한다. 나는 죽고 예수로 살아가는 삶을 살길 원한다. 이제 하나님의 은혜로 죄의 문제를 해결 받고 영생을 확신하는 내가 앞으로 감당해야 하는 책임은 무엇인가?

이제는 구원의 길 되신 예수님을 통해 하나님께 나아가는 방법을 생각한다. 지금 나의 앞에는 서로 다른 두 가지 선택의 길이 놓여 있다. 믿으면 구원, 믿지 않으면 심판을 받게 된다. 이 구원 문제의 선택권은 나에게 있다. 길이요 진리요 생명이신 예수님을 통하여 하나님께 나아가는 것이 나의 책임이다.

내가 주님의 음성을 듣고 마음의 문을 열었을 때 주님이 내게로 들어오셨다. 나와 더불어 먹고 나는 예수님과 더불어 먹는 삶의 축복을 주신다는 것을 확신한다. 나는 이제 예수님 때문에 새로운 삶을 향하여 여행을 시작했다. 부족한 나를 통해 누군가의 인생을 세우는 멘토가 되기를 소망하며, 비로소 그리스도인으로 일컬음을 받기를 소원하며 오늘을 산다.

❋ 인생의 전환점

》 MENTEE : 이정희 권사

나는 군산과 정반대인 끝과 끝, 경기도 가평이라는 시골에서 교회라는 곳은 쳐다도 보지 않는 부모님 밑에서 태어났다. 어릴 적 친구를 따라간 교회가 너무 좋아 부모님을 속여 가며 나가기도 했다. 그러다가 부모님께 들키는 날엔 "한 번만 더 나가면 호적에서 뺀다" 하시며 문을 잠가놓고 혼내기도 하셨다. 그래도 교회가 좋았다. 나가고 싶었다.

그러다 군산대를 졸업하고 이곳 성민교회에 전도되어 출석하게 되었다. 부모님을 의식하지 않고 마음껏 교회에 나올 수 있어 너무 행복했다. 그때 부모님과 멀리 떨어져서 아는 사람 하나도 없는 외로운 내게 故 고왕곤 목사님과 지금의 김호연 목사님은 부모님처럼 의지가 되었다. 그분들은 나를 자녀처럼 돌봐주셨고 기도해주셨으며 이끌어주셨기에 정말 감사했다. 그냥 교회가 좋아서 다니던 내게 두 분은 신앙의 롤모델이 되어 주셨다. 나는 그분들이 가르쳐 주시는 그대로 따라 순종하며 여기까지 오게 되었다.

그렇게 26년의 시간이 흘렀다. 그러던 중 목사님이 멘토링 목회로의 전환을 말씀하셨고 나는 멘토학교에 참여하게 되었다. '지금까지 신앙교육을 받은 것과 뭐가 다를까?'라는 의문이 생겼다. 그 의구심은 한 강의를 마칠 때마다 하나씩 풀리게 되었다. 왜 목사님이 멘토링이 이 시대에 꼭 필요한 것이며 사람을 살릴 수 있는 유일한 방법이라고 말씀하셨는지 알게 되었다.

목사님의 변화되는 모습을 발견할 수 있었다. 그리고 먼저 1대1 멘토링을 받는 분들의 변화 또한 볼 수 있었다. 나 또한 변화하고 싶었고 목사님이 나의 멘토가 되어 이끌어 주시면 정말 감사하겠다는 생각을 했다. 하지만 나 자신을 솔직하게 드러내는 것에 익숙하지 않았던 나는 멘토링이 약간의 부담으로 다가왔다.

그렇게 미루다가 멘토링 요청을 드렸다. 사실 지난날 나에게 영향을 끼친 멘토가 없진 않았을 것이다. 그러나 이렇게 나를 오픈하고 나의 삶을 공유하며 미래를 함께 고민하고 기도해주는 멘토는 없었던 것 같다.

매시간 목사님의 질문으로 멘토링은 시작된다. "한 주 동안 어떻게 지내셨어요?" "미래의 비전은 무엇입니까?" "삶의 목적은 무엇입니까?" "요즘 어떤 책을 읽으세요?" "사명이 뭐라고 생각하세요?" 질문에 정답은 없다고 하셨지만, 처음엔 왠지 정답을 말해야 할 것 같아서 답을 찾으려고 애썼다. '어떻게 대답하지?' 생각하면서 고민하며 답변을 드렸지만, 결론은 그 질문을 통해 나를 돌아보게 된다는 것이다.

아무 생각 없이 시간이 흐르는 대로 하루하루 사는 것이 아니라, 좀 더 나은 나로 살아가며 삶의 목적과 이유를 다시 한번 생각하고 명확히 세우는 시간이 되었다. 그럴 때마다 지난날이 후회스러웠다.

4장_ 인생의 멘토가 되는 첫 이야기

'좀 더 일찍 나를 경영했더라면…' 자녀 양육, 대인관계, 영적 관리, 사역 체크, 성도 섬김 등이 한 주간 동안 해야 할 자기 경영이다. 책도 읽어야 하고, 주일에 불참한 성도들에게 안부 전화도 해야 하고, 건강관리를 위해 짬짬이 하기 싫은 운동도 해야 하고, 성경도 읽어야 하고, 매일 아침 성경 한 구절씩 암송해서 올려야 하고….

처음에는 의욕이 앞서서 잘해 나갔지만 50년 동안 내 몸에 익숙해진 언행과 습관을 바꾸기란 정말 쉽지 않았다. 며칠 동안 성공하고 다시 제자리, 다시 마음을 다잡아 먹고 시작하다가 또 제자리…. 이렇게 반복하고 있는 내가 한심스럽기도 하다. 그러나 그동안의 내가 변화하기 위해 성급함이 앞서 실망하여 포기하는 것이 아니라, 천천히 시작하여 멀리 끝까지 갈 수 있었으면 좋겠다. 이 일이 멘토와의 만남 속에서 이루어지고 있다.

숙제 검사를 받는 초등학생처럼 한 주간의 삶과 경영을 솔직하게 나눔으로 마음 밭을 기경하는 시간이 된다. 잘 살지 못한 주간은 목사님 뵙기도 그렇고 멘토링 시간이 무겁게 다가왔다. 하지만 주 1회 멘토와의 만남을 통해 다시 힘을 얻고 출발하며, 한 주를 돌아보며 또다시 나의 길을 정비하고 수정하게 되었다.

내가 알지 못하는 또 다른 나를 보게 하셨고 좀 더 나은 나로 성숙하도록 나아갈 수 있는 길을 제시해 주셨으며, 막연하지 않은 구체적인 돌이킴의 방법을 말씀해 주셨다. 어떤 날은 울기도 하고 어떤 날은 책망받기도 했다. 영적으로 수술 받는 날은 돌아서서 나오며 하나님께 많이 죄송하기도 했다.

좀 더 나은 나로 성장하고자 내가 나를 경영하는 이 모든 일들이 내가 성공하고자 하는 것이 아닌 또 다른 누군가를 세우고자 하는 데서 출발한 것임을 안다. 내가 바로 서지 않고 바로 가고 있지 않으면서 다른 사람을 세운다는 것은 어불성설이다. 지금의 나는 완벽하지 않지만 세워져 가고 있는 과정에 있다. '나 자신도 이렇게 변화하고 바뀌기가 쉽지 않은데 다른 사람을 세운다는 게 가능할까?' 하는 생각이 들기도 하지만 내가 아닌 예수님이 하시면 가능하다고 믿는다. 예수님이 하나님과 우리 사이에 화목하게 하는 다리가 되어주셨듯이 나도 누군가에게 예수님께로 가는 길에 동행자, 반려자가 되는 꿈을 꾸어본다.

나의 사명을 묻는다면 이제는 당당히 말할 수 있다. 하나님이 나를 사랑하시듯이 또 다른 누군가도 그렇게 사랑하시므로 그도 하나님 안에서 행복한 삶을 누리기를 원한다. 그렇게 하나님 안에서 세워지도록 나의 손과 발이 필요한 곳에 달려가서 섬기길 원한다. 나의 위로가 필요한 곳에 달려가서 어깨를 내어줄 것이다. 나의 작은 섬김과 배려와 사랑이 한 영혼을 살리고 세울 수 있다면 그렇게 할 것이다.

멘토와의 만남을 통해 선한 영향력을 받아 꾸준히 나를 경영하게 되었다. 현실에 안주하지 않고 무엇인가 계속 도전하고 바라볼 수 있게 되었고 사람을 세우는 데 삶의 목적을 두고 살아가도록 가치관을 확립할 수 있었다.

내가 멘토링을 통하여 예전과는 다른 새로운 인생의 전환점을 맞듯이 내가 섬기는 누군가도 그랬으면 좋겠다. 나와 같은 사람을 세우는 또 한 사람의 멘토가 세워지기를 기도한다.

❋ 감격, 감동, 하나님의 은혜

» MENTEE : 민경화 집사

멘토링을 시작하고 현재에 이르기까지 저에게는 많은 변화가 있었다. 가장 큰 변화는 자아 중심이었던 삶에서 하나님 중심인 삶으로 바뀌게 된 것이다. 하나님을 믿는 자녀로서 어떤 삶을 살아야 하는지에 대한 고민이 시작되며 자연스럽게 삶의 방향도 생각해보게 되었다.

그동안 신앙생활을 하면서도 하나님의 깊으신 사랑을 온전히 이해하지 못해 일상의 작은 감사를 놓칠 때가 많았다. 그런데 멘토링 시간을 통해 나는 비로소 하나님의 섬세한 계획 안에 내가 있다는 것을 알게 되었다. 작은 호흡부터 모든 일상이 주님과 함께하고 있음을 인간적인 지식이 아닌, 말씀을 통한 믿음으로 확신할 수 있었다.

얼마 전, 아들이 학교에서 온몸으로 친구들과 레슬링을 하며 놀고 있는 영상을 우연히 보게 되었다. 너무나 천사 같은 얼굴로 해맑게 웃으며 즐거워하는 영상이었지만, 그 순간 눈물이 나고 나도 모르게 회개의 기도가 나왔다. 아들은 분명 하나님의 자녀이고 하나님의 형상대로 창조된 존귀한 아이였다. 그런데 부모라는 이름으로 스스로 주님의 뜻에 합당하게 자라야 할 아이를 내 욕심과 형상대로 키우고 있지는 않았는지 돌아보며 이들의 삶을 위해 기노했다. 그 순간 부모와 자식 간의 관계가 바로 멘토링의 시작이 아닐까 생각하게 되었다. 나는 그동안 인간의 지식과 생각으로 가르치면서 마치 그것이 하나님의 뜻인 양 만족하며 옳다고 착각하고 있었다.

우리는 하나님의 존재를 믿으며 하나님이 나의 구원자라고 말하고 있다. 하지만 하나님이 우리를 어떻게 사망의 길에서 살리셨는지, 말씀을 통해 보여주신 생명의 길이 무엇인지에 대해서는 알려고 하지 않는다. 그래서인지 시련이나 인간적인 어려움이 오면 쉽게 넘어진다. 주님을 향한 원망의 마음에 사로잡혀 사탄이 일할 수 있는 틈새를 열어주곤 한다. 그리고 무지한 우리는 스스로 이것이 주님의 뜻인 것처럼 생각하고 그 안에서 스스로를 위로하려고 한다.

고린도전서 10장 13절에서 하나님은 분명히 말씀하셨다. "사람이 감당할 시험밖에는 너희가 당한 것이 없나니…시험 당할 즈음에 또한 피할 길을 내사 너희로 능히 감당하게 하시느니라." 이처럼 하나님께서는 모든 상황을 예비하시고 감당할 수 있는 시험과 피할 방법까지도 말씀을 통해 알려주시고 계신다. 그러한 사실을 이제는 깨닫게 되었다. 멘토링은 하나님과 함께하고자 하는 믿음만 있다면, 말씀을 통해 주님의 모습을 실체화·형상화할 수 있다. 그것이 멘토링 시간이었다.

멘토링은 단순한 교육이 아니다. 나와 주님이 더 가까워질 수 있는 방법이다. 그리고 믿음에 대한 확신을 갖게 되고, 굳건한 믿음이 만들어질 수 있는 최소한으로 노력하는 시간이다. 나는 멘토링 시간을 통해 다시 한번 새롭게 나 자신이 하나님의 자녀임을 확신하게 되었다. 진리이고 생명이신 하나님과 함께하는 풍성한 삶을 기대하게 되었다. 그것은 인간적인 풍성함과는 달랐다. 인간적인 풍성함은 시간이 지나면 사라지거나 더 큰 욕심으로 반복적인 갈증을 만들어 냈지만, 하나님이 중심이신 풍성한 삶은 주님의 역사하심이 일상이 되는 삶이다.

 기도와 말씀으로 하나님과의 소통하며 영으로 가득 찬 끊임없는 기쁨과 즐거움이 넘치는 삶이다. 이렇게 멘토링을 통해 자아 중심이었던 나는 하나님 중심으로 바뀌게 되었다. 자녀와 부모의 관계가 멘토링의 시작임을 알게 하시고 말씀과 기도를 통해 변화될 수 있는 시간을 허락해 주신 주님께 감사드리며 글을 마무리한다.

형제 사랑하기를 계속하고 손님 대접하기를 잊지 말라
이로써 부지중에 천사들을 대접한 이들이 있었느니라
너희도 함께 갇힌 것같이 갇힌 자를 생각하고
너희도 몸을 가졌은즉 학대받는 자를 생각하라
오직 선을 행함과 서로 나누어 주기를 잊지 말라
하나님은 이같은 제사를 기뻐하시느니라
(히 13:1~3, 16)

5장

교회의 사회적 책임
CSR, 3GO의
가치 & 같이

쓰리고 냉장고

어느 날, 우리 동네 주민센터 동장님께서 찾아오셔서 "이 지역에 공유 냉장고를 설치하면 어떨까요?"라는 의견을 물으셨다. 그동안 우리 성민교회는 외롭고 소외된 이웃을 위해 명절이면 디아스포라 전(Diaspora 煎), 새해맞이 떡국 키트, 계란, 이불 나눔과 매주 80여 가정에 빵 나눔 등 이 지역에 소외되고 어려운 이웃을 찾는 데 주민센터와 네트워크를 이루어 왔던 터였다. 동장님의 제안을 받고 잠시의 망설임도 없이 '쓰리고 냉장고 2호점'을 함께하기로 당회는 결정했고, '나누고 베풀고 함께하고', 쓰리고의 기차가 사랑과 관심을 싣고 기적을 울리며 출발했다.

코로나19로 인하여 사회적 거리두기가 시작되고 마음의 거리도

저만큼 멀어진 이때, 지역주민들에게 좀 더 가까이 다가갈 수는 없을까 하면서 '틈'을 찾는 중, 선한 영향력을 끼칠 수 있는 너무나 좋은 기회였다. 공유 냉장고는 수원에서 가장 먼저 시작하게 되었다는 것도 알게 되었다. 냉장고를 이용하는 주민들끼리 서로 나누고, 서로 채워주는 역할을 하게 된다. 또한 코로나19로 인해 힘들어하는 가정들에게 많은 도움이 되는 역할을 담당해낸다. 지금 이때에 너무나도 필요한 것이 아닐까?

사회적 책임을 안고 가야 하는 교회로서 공유 냉장고는 우리 지역에 감초 같은 역할을 잘 해낼 것이라는 확신이 들었다. 무엇보다도 코로나19로 인해 교회에 선입견이 생기고, 교회 문턱을 밟는 데 사회적 거리보다 신뢰의 간격이 더 크게 벌어져 있지 않은가. 이러한 때에 우리는 공유 냉장고를 통해 사회적 거리 사이 '틈'을 메우는 역할을 하고 교회 문턱을 낮추어 지역민들과 함께 가자는 의견을 모았다. 얼마나 감사한 일이었는지….

일주일에 한 번 빵 봉사를 하는 전도 팀의 이야기를 듣노라면 문 앞에서만 예의를 갖추고 문조차 열어주지 않던 분들과 점점 안부를 묻게 될 만큼 발전했다고 한다. 처음에 공유 냉장고를 이용하는 분들도 그랬다. 서로 어색했던 분위기, 인사만 나누던 어르신들이 지금은 하루에 한 번, 많게는 두 번, 세 번 얼굴을 보게 된다. 며칠째 어르신이 보이지 않을 때는 안부가 궁금하고 어디 편찮으시지는 않은지 걱정이 된다. 그러다가 뵙게 되면 누구보다도 반갑게 맞이하게 된다. 이런 마음의 문이 열리자 정원은 마실 나오는 터가 되었다.

어느 날, 연세가 지긋한 할아버지께서 냉장고에서 음료를 하나 꺼내시고는 정중히 모자를 벗으시고 냉장고에 인사하시는 모습을 보게 되었다. 어떤 마음이셨을까? 그냥 마음이 아리다. 아무것도 아닌 음료 하나가 저 어른의 그늘진 '틈'에 한 줄기 빛이었나 보다. 또 어떤 분은 폐지를 주우셔서 생활하는데 자신도 어려우실 텐데 두유 한 박스를 들고 오셔서 아무도 모르게 놓고 가셨다. 그 후에 어떤 분인지를 알게 되었고 삭막한 이 시대의 쪽문 사이로 들어오는 따뜻함과 행복감은 감사하다는 말로는 전부 표현하기 어려웠다.

어떤 분은 무더운 여름날, 아침 일찍 옥수수를 쪄서 직접 가져오셨고 쑥 개떡을 쪄 오셔서 봉사자들, 냉장고를 이용하는 분들과 함께 먹겠다고 정원에 펴 놓으셨다. 오시는 분, 가시는 분, 동네 분들은 삼삼오오 앉아 웃으며 감사하다, 고맙다고 서로 인사를 하며 맛있게 드셨다. 이웃교회 권사님께서는 예수님의 복음을 전하신다. 코로나 19라는 사회적 거리두기로 꽉 막혀 있는 장벽 사이로 복음이 전해지는 이곳이 천국이다.

'틈' 사이로 들어온 한 줄기 빛은 사랑의 색깔로 변하고 십자가의 진득한 냄새가 있는 주님의 정원에 푸르른 희망이 강렬했다. 결코 사랑과 섬김이 눈에 보이지는 않지만 만져질 때 이 일을 할 수 있음으로 힘을 얻게 되고, 또 누군가에게는 살 만한 세상이었음을 전해 준다면 이 또한 가치 혁명의 전조가 아닐까 싶다.

3GO의 가치 & 같이의 첫 번째 꼭지는 공유 냉장고이다. 매일 아침 자원봉사자들이 오전 9시가 되면 아침상을 차리듯이 교회의 주방문을 연다. 사랑하는 마음 때문일까! 매일 아침 공유 냉장고에 넣을 물건들을 챙기면서 이런 기도를 하게 된다고 전한다. "하나님, 가루통에 가루가 마르지 않게 하소서. 공유 냉장고를 이용하시는 이웃들이 빈손으로 가는 일이 없게 하소서."

우리가 하는 이 일이 그리스도의 사랑을 전하는 것이라는 소문이 얼마나 빠른지, 점점 '틈'의 간격은 열린 문이 되어 교회의 마당을 밟는 분들이 많아지고 한 분 한 분 예배에 참석하시는 분들도 늘어가고 있다. 어떤 분은 교회를 나가다가 쉬고 있지만 이곳을 이용할 때마다 마음으로 기도하고 있노라는 말씀도 하신다.

5장_ 교회의 사회적 책임 CSR, 3GO의 가치 & 같이

Chapter 02

사) 지구촌 사랑의 쌀 나눔 재단 군산지부 개설

●

 작년에 사단법인 지구촌 사랑의 쌀 나눔 재단 군산지부가 개설된 후, 일 년이 지났다. 하나님의 택배기사라 불리는 '노숙인들의 아버지' 이선구 목사님은 사) 지구촌 사랑의 쌀 나눔 재단 이사장이시다. 목양에 있어 나의 멘토이신 윤덕기 목사님의 소개로 사랑의 쌀독을 설치하고 나눔 사역을 확대해 가고 있다.
 아울러《사랑의 빨간밥차》책을 읽으며 이선구 이사장의 나눔 철학에 감동을 받았다. 그는 하나님이 주신 봉사의 일에 쓰임 받을 때 두 가지 기반을 둔다고 하신다. 그 첫째가 진정한 사랑을 나누며 죽기까지 변질되지 않는 순수한 주님의 사랑을 닮아 가겠다는 것이고, 둘째는 나눔을 지구촌 곳곳으로 확산시키겠다는 의지다. 하나님이 허락하시는 한 팔순이 되는 그날까지 성실한 봉사자가 되겠다는 다

짐 앞에 숙연해졌다.

그렇다. 사회적 거리와 마음의 거리가 황망해진 현실 앞에 우리는 서 있다. 혹시 쌀이 없어서 밥을 굶고, 사랑과 관심이 없어서 외롭게 죽어 가는 이들이 우리 곁에 있다면 우리는 동네로 들어가야 한다. 조금만 자세히 보면 예쁘고, 좀 더 관심을 가져보면 보이는 것을 우리가 보지 못하는 것은 아닌가.

한 주에 2kg의 쌀이 어찌 배고픈 이의 허기를 채울 수 있을까? 라면 한 봉지가 허기를 얼마나 달랠 수 있을지 모르지만, 전하는 사랑의 의미를 안다면 그 허기는 달랠 수 있을 것이다. 다만 마음을 기댈 수 있는 다리가 되었으면 한다. 그 다리를 건너 예수 그리스도를 만나고 영원한 생명을 선물로 받는 그날이 오기를 기도한다. 그날이 온다면 이 기쁨을 어찌 다 표현할 수 있으랴!

사랑과 섬김과 나눔이 없는 인생은 열매 없는 껍데기요, 영혼 없는 허수아비에 불과하다. 누군가 쌀 한 포대로 살아간다면 이보다 더한 기쁨은 없을 것이다. 사) 사랑의 쌀 나눔 재단 군산지부를 개소하게 된 이유는 주의 부르심을 받고 귀하게 사명을 감당하시고 은퇴하신 목사님들을 섬기기 위한 것이었다. 물론 모두를 섬길 수 없는 것이 못내 아쉬운 일이지만 관내에 홀 목사님, 홀 사모님, 은퇴·원로 목사님 가운데 생활이 어려운 분들을 발굴하여 매월 쌀 10kg와 라면, 생필품 등을 지원한다.

자원봉사 집사님 두 분이 매월 정기적으로 직접 가정 방문하며 섬기고 있는데, 쌀이 떨어졌다는 전화를 받을 때면 안타깝기 그지없다. 목사님들과 사모님께서는 고맙다는 인사와 더불어 늘 기도하신다는 말씀을 해주셔서 오히려 위로를 받고 돌아온다고 한다. 바라기는 더 많은 은퇴 목회자들을 섬길 수 있는 교회가 되기를 소망한다.

올해 봄 5월에는 지역의 행복나눔축제를 교회 정원에 마련하고 지역주민들을 초청했다. 참여하여 후원하기 원하시는 분들에게는 '라면 한 봉지'면 충분하다고 홍보했다. 그 이유는 필요한 물품을 가지고 가시는 분들의 미안함을 덜어드리기 위함이었고, 또 하나는 그 라면을 다시 공유 냉장고, 혹은 쌀과 함께 지역민들에게 환원하기 위함이었다.

지역 주민센터 동장님과 시의원님이 방문하셔서 이런 무료 바자회는 처음 보았다며 좋은 일을 한다고 칭찬하셨다. 칭찬을 받아서 좋은 것이 아니라 기독교 신뢰도가 형편없이 하락된 상황에서 교회가 지역과 함께 하는 일을 하므로 복음이 스며들고 있어 무엇보다도 감사하고 기뻤다. 지구촌 사랑의 쌀 나눔 재단 본부에서 지원하는 후원 물품과 월 한 구좌 1만 원을 후원하는 천사들의 마음이 모여 위기 가정들과 투병하는 청년의 삶을 돌아보게 하심이 감사하다.

대한민국이 선진국 대열에 들어갔다고 해도 복지 사각지대는 항상 있기 마련이다. 홀로 사는 노인세대나 젊지만 질병으로 투병해야 하는 이들은 경제적, 심리적 고립감을 혼자 견뎌야 한다. 코로나19로 인한 사회적 거리두기가 너와 나의 담을 쌓게 하고 개인주의 생활을 더 자연스럽게 만들어 버렸다.

  이에 따라 소외된 자들을 바라보시는 하나님의 눈물과 마음이 있는 곳에 우리도 있어야 할 것이다. 교회가 사회적 책임을 안고 동네로 들어가야 하는 것이 이 사역의 본질이다. 물론 전부, 혹은 모두를 구제할 수는 없다. 다만 그들의 친구가 되어 함께 견뎌주는 마음이다. 한 끼 식사로 손을 맞잡아 그리스도의 나라가 세워지고 복음의 삶이 이루어지기를 간절히 소망하면서 말이다. 오늘도 우리 자원봉사자들은 사랑의 택배기사가 된다.

Chapter 03

미성동 옹달샘

•

우리는 지역을 위해 애쓰시는 우편물을 배달하는 아저씨, 환경미화원, 택배기사님들을 위한 시원한 음료와 물을 준비한 음용 냉장고와 온장고를 준비했다. 여기는 깊은 산속은 아니고 도농 지역이다. 시내와 동떨어진 느낌이 있는 작고 아담한 동네 미성동에 옹달샘을 만들어 잠깐 들숨과 날숨의 숨을 고르는 시간이 되기를 바란다.

뜨거운 여름날, 도로를 청소하는 환경미화원에게 음료를 건네고 수줍은 인사를 나눈다. 어떤 택배기사님이 시원한 커피와 물을 들고 나가는 뒷모습은 봉사자들의 마음을 한결 부요하게 만든다. 냉장고 안에는 두유와 캔커피, 생수, 드링크제가 있다. 냉동실에는 센스 있게 생수가 잘 얼어 있다. 그냥 보기만 해도 시원하다. 이것이 미성동 옹달샘 틈새 쉼터이다.

이 동네를 위해 날마다 쌓인 쓰레기를 수거하며, 환경을 쾌적하게 유지하기 위해 길거리를 청소하는 환경미화원, 각 가정의 편리를 위해 물품을 전달해 주는 택배기사님들은 우리 생활에서 없어서는 안 될 귀중한 분들이다. 우편물을 전달해 주는 우체부 아저씨들의 오토바이 소리가 정겹지만 미안하다. 무더위가 기승을 부리는 올 여름은 몹시도 더웠다. 저들의 손에 쥐어진 얼음냉수 한 병이 숨을 고르는 시간이기를 소망한다. 여름은 여름대로 덥고 겨울은 겨울대로 추운 날, 한 손에는 두유 하나, 한 손에는 따뜻한 커피 하나를 들고 시린 손을 녹인다. 이것이 상생이 아닐까?

산상수훈 첫머리에 나오는 팔복은 우리에게 불편하지만 최고의 행복과 최상의 복을 가르쳐 준다. 하나님의 자녀로서 최고의 가치는 선한 영향력을 끼침으로 복음의 삶을 실현하는 것이다. 팔복이 복인 이유는 세상에 하나님의 나라를 세워 공동체로서 상생하는 사회를 만들기 때문이다. 물질로 물질의 문제를 다 해결할 수 없지만 세상의 것들이 부족하면 갈증을 느끼는 것이 현실이다.

하지만 심령이 가난해지면 천국이 그들의 것이 된다. '가난한 자'는 일용할 양식이 없는 상태이기도 하지만 사람들로부터 아무런 관심과 지지, 위로와 사랑을 받지 못하는 소외된 사람들 또한 해당되지 않을까? 그래서 우리 교회가 물 한 모금으로 갈한 목을 축여주고 싶어 미성동 옹달샘을 팠다.

"오호라 너희 모든 목마른 자들아 물로 나아오라 돈 없는 자도 오라 너희는 와서 사 먹되 돈 없이, 값없이 와서 포도주와 젖을 사라"(사 55:1).

목마른 이들이 우리 옹달샘에서 갈한 목을 축이지만 언젠가 주님이 그 영혼을 찾으시는 그날에는 값없이 포도주를 사 먹을 것이다. 그래서 주님은 그들에게 "수고하고 무거운 짐 진 자들아 다 내게로 오라 내가 너희를 쉬게 하리라"(마 11:28)고 말씀하시며 초청하신다.

택배기사의 손에 두유 한 박스가 들려 있었다. 냉장고에 넣고 무심히 갈 길을 간다. 이게 무슨 일인가!

Chapter 04

하나님이
예비하신 천사들

●

마음을 함께 나누려고 하는 천사님들께 이 지면을 통해 감사 인사를 건넨다. 서로 돕고자 한다는 전화를 받고, 냉장고 앞에 호박을 가져다 놓으시는 이름 모를 그분에게 감사의 인사를 전한다. 친정이 섬이어서 바지락을 채취했노라고 가져오는 이, 쌀 20kg을 구입하면 먹고 남는다는 이, 기초생활 수급자라면서 남은 쌀을 나누겠다고 무겁게 들고 오는 이도 있다.

이것뿐이랴. 봉사자들의 마음을 위로하는 택배 꾸러미가 있다. 멀리서 못난이 호박과 틀어진 감자라면서 미안하다는 글과 함께 들어 있다. 누군지 모르지만 오이, 양파, 고추, 대파 등을 주방 문 앞에 놓고 간 이름 모를 천사도 있으니 분명 하나님이 보내신 천사들인 게다. 어디 그뿐이던가! 동네의 어느 한 식당은 음식 맛이 절대적이다.

그런데 친히 음식을 만들어 우리에게도 나누어 주신다. 어떤 커피점에서는 손수 만든 빵을 조용히 가져다 놓고 나눔에 동참한다.

'3GO의 가치 & 같이'를 통해 함께 하고, 나누고, 베푸는 것은 누구 혼자 할 수 있는 일은 아니다. 함께 하기에 가치가 있고, 가치 있는 일에 마음을 같이 할 수 있으니 가치 혁명이다. 가치의 변화는 단시일 내에 이루어지는 것은 아니다. 하지만 가치가 바뀐 사람과 같이 동행할 때 조용하지만 서서히 일어난다. 뜻을 모으고 함께 하고자 하는 천사들이 월 1만 원씩 후원을 하며 마음을 모은다.

이렇게 모인 후원금은 은퇴·원로 목사님들의 양식이 되어 사랑을 싣고 떠난다. 또 생필품을 사기도 하고 사) 지구촌 사랑의 쌀 나눔 재단 본부와 누리보듬 선교회, 서수 푸드뱅크와의 연계로 다양한 지원을 하게 되었다. 물론 작은 우리 교회가 흉내 낼 수 있는 일은 아니고, 하나님이 친히 하셨다.

한 달 정도 할 수 있을까? 얼마나 버틸 수 있을까? 안팎의 염려와 걱정이 없었던 것은 아니다. 오전 9시 30분 정도가 되면 어르신들이 한 분, 두 분 교회 정원 벤치에 앉아 담소를 나누신다. 10시 오픈 시간을 기다리는 것이다. 이들이 묻는다. 언제까지 하는 거냐고. 마음이 짠하지만 하나님께서 힘을 주시는 대로 그때까지 할 것이다.

이것이 본질이고 답이다. 왜냐하면 초대교회는 믿는 사람들이 다 함께 있었다(행 2:44~47). 그들은 모든 물건을 서로 통용하고 자기 것을 자기 소유로 여기지 않고 팔아서 각 사람의 필요에 따라 나누었다. 이 일이 하나님께는 영광이 되었고 소외되고 외로운 이웃들에게는 쉼을 제공하는 것이었다. 그래서 날마다 마음을 같이 했고 모였으며 순전한 교제가 이루어졌다. 날마다 구원받는 자의 수가 더해지게 된 것이다.

예수님과 동행하는 사람은 가치가 달라지고 같이 할 줄 아는 공동체를 세운다. 그래서 우리 교회는 지역과 함께 가는 교회로서 "나누고 베풀고 함께하는 공동체"의 핵심 가치를 세우고 함께하고자 하는 많은 천사가 모였다. 할아버지, 할머니, 아들, 딸, 며느리, 사위 그리고 손주들이 모두 후원자들이니 어찌 기적이 아니겠는가! 이곳은 분명 오병이어의 현장인 벳새다 벌판이다.

Chapter 05

누군가의 밑가지가 되는
기쁨 채집

●

» 송희현 집사

공유 냉장고 1년을 회고하는 이야기를 써달라는 목사님의 부탁을 받고 마음 한편에 자리하고 있던 어떤 생각들이 불쑥 고개를 내밀어서 조금은 마음이 무거웠다. 최근 공유 냉장고 봉사를 통한 나의 기쁨 채집은 '기쁨'과 '흔들림' 중간쯤에 있다. 어떤 일이든 과도기 단계가 있고, 흔들리는 과정을 통해 성장한다고 믿기에 솔직하게 이야기를 꺼내볼까 한다.

매일 오전 10시가 되면 교회 정원에 있는 공유 냉장고에 문이 열리고 많은 분들이 찾아오셔서 필요한 음식들과 식료품들을 가져가신다. 지난 1년간 공유 냉장고와 쌀독은 말라본 적이 없다. 필요를 채워주신 하나님의 은혜에 감사하다. 교회와 봉사자들의 섬김으로 냉장고는 나날이 풍성해졌다. 그래서 찾아오시는 분들에게는 따뜻한 마음의 양식이 되었을 줄 믿는다.

그런데 최근 한 달 동안 방문하시는 분들의 수가 눈에 띄게 줄어들어 마음이 쓰였다. 매주 만나던 어르신들이 보이지 않으면 어디 편찮으신 건 아닌지 걱정되기도 하고, 혹시나 서운한 일이 있으셨던 것은 아닌지 여러 가지 생각이 들었다. 공유 냉장고 봉사활동을 하며 어르신들이 건네주시는 "고맙다"라는 다정한 말 한마디는 하루의 시작에 활력이 되었다.

또한 여러 가지 일들도 있었다. 본인도 힘들게 생활하시면서 다른 분들을 위해 써달라고 돈 봉투를 건네주신 할머니도 계셨고, 쌀 한 포대를 들고 오셔서 나누어 먹고 싶다고 놓고 가시는 분도 계셨다.

반면 빛과 어둠이 함께 존재하는 것처럼 봉사자들을 조금 힘들게 하는 분들도 계셨다. 똑같은 것을 나누어 드려도 내 것은 틀리다고, 자신만 다른 음식을 준 것은 아니냐고 따지러 오는 분도 계셨고, 두세 가지의 음식들을 챙겨드려도 어제 오지 않았으니 더 달라고 고집을 부리는 분들도 계셨다. 그럴 때면 뒤늦게 오시는 다른 분들을 위해 양해를 부탁드린다는 말을 거듭 드려야 하는 난감한 순간들도 있었다.

쌀과 음식이 절실히 필요하신 분들을 위해 필요하지 않은 물건들은 가져가지 않으셨으면 좋겠는데 내일 오시면서 서로 물품을 교환하시는 모습들을 본 날은 회의감이 밀려오기도 했다.

이런 모습들을 몇 차례 경험해서일까? 처음에 공유 냉장고 봉사는 내게 기쁨을 채집하는 일이었다. 오로지 기쁨만 있을 뿐, 그 어떤 감정도 없었다. 하지만 어느 순간, 오로지 기쁨 채집만으로 계속 채워지고 있어야 할 나의 마음속에 불편함이 쑥 밀려들어 왔다. 때론 불평의 말이 입 밖으로 튀어나오기도 했다.

어찌된 일일까? 공유 냉장고 봉사에 변한 것은 아무것도 없는데…. 오히려 시간이 지날수록 주변에서 들어오는 후원 물품과 봉사자들의 열정과 사랑으로 넘쳐나는 하나님의 사랑을 매번 목격하고 있는데…. 도대체 무슨 이유로 오로지 기쁨만을 채집하는 일이 될 수 없게 되었을까?

잠시 나는 그 마음을 바라보면서 아버지께 기도하고 때론 회개하며, 다시 아버지의 뜻을 알고 싶었다. 그리고 크리스천이라면 누구나 들어봤을 법한 성경 구절이 마음에 다가왔다. 바로 요한복음 15장 말씀이었다. 주님께서는 말씀하셨다. 나는 포도나무요, 내 아버지는 농부시며, 너희는 나의 가지라고. 이것은 우리가 포도나무이신 예수 그리스도의 가지가 된다는 것이다.

농부는 나무와 가지를 위하여 많은 것들을 해준다. 때에 따라 물을 공급해 주고, 비료도 주고, 퇴비도 주고, 옮겨 심어주기도 한다. 나무와 가지가 잘 자라도록 최상의 노력과 선택을 하는 것은 오로지 농부의 몫이며, 농부의 소관이다. 가지는 스스로 결정하는 것이 없다. 그러므로 가지가 잘 자라기 위해서는 농부에게 모든 것을 맡기고 가지의 역할에 충실하기만 하면 된다.

그렇다면 그 역할이 무엇일까? 아버지는 말씀하셨다. "서로 사랑하라." 그렇다. 가지로서 우리가 해야 할 일은 오로지 서로 사랑하는 것이다. 나뭇가지가 곁에 있는 다른 가지들을 피하는 것을 본 적이 있는가? 나뭇가지가 더 보기 좋고, 튼실한 가지를 찾아가는 것을 본 적이 있는가? 나뭇가지가 더 좋은 자리를 찾아 옮겨가는 것을 본 적이 있는가?

나뭇가지는 항상 자신의 자리를 지킨다. 다른 가지를 찾아가는 일이 없다. 이웃한 가지 곁에 있어 주는 것이 자신의 사명임을 잊지 않고 그 자리를 지킨다. 서로 사랑하라는 아버지의 말씀을 따라 그저 곁에 있어 주며 그들과 시간을 보낸다. 가끔 그들의 비바람을 함께 견뎌주고, 때론 따사로운 햇볕 속에서 그늘이 되어주며 그들의 필요를 채워준다. 함께 즐거워하고, 함께 슬퍼하며 그저 관심을 다해 그 곁에 있어 주는 것이다.

나무는 하늘과 땅이 키운다. 하나님이 키우는 것이지 가지가 키우는 것이 아니다. 나는 이 말씀을 통해 느끼는 것이 많았다. 공유 냉장고에 다녀가시는 분들이 모두 내 마음 같지는 않다. 때론 사람인지라 한숨이 입 밖으로 나오기도 했다. 그저 나는 가지일 뿐이었는데 농부가 되고자 했던 마음이 있었나 보다. 그들에게 나 또한 곁에 있는 가지일 뿐이었는데, 굵은 나무라도 된 양 그들을 위에서 바라보지 않았나 반성해본다.

그렇다면 제일 먼저 나온 가지, 가장 오래되고 굵은 가지는 어디에 위치할까?

나무의 맨 윗자리일까? 만약 그렇다면 그 나무는 가벼운 비바람에도 금세 쓰러질 것이다. 가장 오래되고 굵은 가지, 크고 강한 가지는 다른 가지들의 밑가지가 되어 나무를 버티게 해준다. 그래서 예수님의 가지인 크리스천들은 서로를 사랑하며 기꺼이 누군가의 밑가지가 되어주려고 노력해야 한다. 이제 막 교회 문턱을 넘어온 사람들이 교회의 가장 위쪽에, 가장 돋보이는 자리에 위치해야 한다는 말이다.

매일 공유 냉장고를 찾아 교회 문턱을 갓 넘어오시는 그분들이 어쩌면 가장 위쪽, 가장 돋보이는 자리에 계셔야 했는지도 모른다. 그렇게 한 영혼, 한 영혼이 교회라는 공동체를 통해 농부 되신 아버지의 품으로 조금씩 들어올 수 있도록 나는 그저 밑가지가 되어 주고 싶다. 스스로 크고 강하다고 생각하는 크리스천일수록 더 큰 밑가지가 되려고 노력해야 한다는 말이다.

그것이 건강한 교회이자 지역을 살리는 교회이고, 내가 공유 냉장고와 쌀독 봉사자로 임해야 하는 자세다. 주님의 가지 된 진정한 크리스천의 모습이 어떤 모습인지, 나는 지난 1년 동안 많은 것들을 느끼며 배우는 시간이 되었다. 아버지의 마음을 알아서 다시금 기쁨 채집의 마음을 가슴속에 새기며 글을 마친다.

멘토링
교회
이야기

너희는 우리의 편지라
우리 마음에 썼고 뭇 사람이 알고 읽는 바라
너희는 우리로 말미암아 나타난 그리스도의 편지니
이는 먹으로 쓴 것이 아니요
오직 살아 계신 하나님의 영으로 쓴 것이며
또 돌판에 쓴 것이 아니요
오직 육의 마음판에 쓴 것이라
(고후 3:2~3)

6장

성민 153 아침편지

'함께'라서 고맙습니다

바람이 불면 촛불은 꺼집니다.
그러나 내 안에 있는 그 어떤 것은
바람이 불어도 꺼지지 않으니 행복의 근원이 분명합니다.
현관에 걸어놓고 간다는 말 한마디 '톡'이
문에 걸린 희망과 사랑으로 문빗장에 몰약이 떨어집니다.

'함께'함이 어느 때는 짐이 될 때도 있지만
홀로 문을 열어보니 그래도 '함께'가 그립고
'함께'일 때 기적이 일어납니다.
녹슨 쇠가 조금 녹슬었을 뿐인데
결국은 전부를 녹슬게 하기에 발견했을 때
일어나 자리를 들어야 하나 봅니다.

아침에 일어나 보니 눈이 왔습니다.
물론 지역에 따라 다르겠지만
창밖으로 보이는 눈 쌓인 정원의 아름다움에
잠시 숨을 고르고 습관처럼 오늘의 일정을 그립니다.

첫 번째,
밝고 맑은 이미지 만들기 루틴!

우리 함께 마음의 경고문을 숙지하고 출발할까요?
"뾰로통하거나, 무례하거나, 참을성이 없거나,
배려심이 부족한 사람에게는
다른 사람들이 참아 주는 것에 대한
10달러의 벌금을 부과합니다."

두 번째,
마음을 한곳으로 모으고
낯설지만 새로운 방식을 수용해볼까요?
왜냐하면 상대방은 나하고 위치와 각도가 다르고
해석이 다를 수 있으니까요.
이 수용과 공감이 오늘을 사는 나를 위한 인사가 아닐까요?
진심을 담아서 "샬롬~"
상대방을 위로하기 위해 "괜찮니?"
'좋은 아침'이라는 말 한마디가
누군가를 일으켜 주는 힘이 됩니다.

"너희가 거룩하게 입맞춤으로 서로 문안하라 그리스도의 모든 교회가 다 너희에게 문안하느니라"(롬 16:16).

6장_ 성민 153 아침편지

행복입니다

심리학자인 빅터 프랭클은 과거를 놓아주는 일이
삶의 무게를 덜어내는 데 큰 도움을 주었다고 말합니다.
그는 1942년 가족과 함께 나치에 의해 강제 수용소로 이송되었고
생존을 위해서라도 놓아주는 일이 중요했습니다.
아내와 부모님은 그곳에서 사망했고
그는 홀로 살아남아 현실을 극복해나갔는데
냉혹한 일상에서 미래에 집중하는 일이
중요한 역할을 해 주었습니다.
그는 자신의 책에서
"프랭클은 열악한 상황에서 과거의 환상, 이미지와 진실에
연연하지 않고 미래에 중점을 두면서 행동했다"
라고 말합니다.

우리도 마찬가지입니다.
현재에 집중하기보다 과거에 더 매달려 가는 일이 많습니다.
과거는 미화되어 아름답고 좋았던 기억으로 남아
"이전이 좋았더라"라는 말도 하지만
한 발짝도 건너지 못하도록 얽매이게 하여
현재를 더 악화시키기도 합니다.

그러나

오늘, 지금 집중해야 하는 일이 무엇인가 보십시오.

이미 과거는 좋았든, 아팠든, 힘들었든 지나갔고

우리는 오늘을 살아야 합니다.

과거가 현재의 너무 많은 공간을 차지해버리면

그것을 다루기에 힘들어집니다.

과거의 기억을 한 페이지로 남기고

새로운 목표, 변화의 내일로 가면 좋겠습니다.

코로나19 바이러스 감염사태가 발생한 지 2년이 흘러갑니다.

거기에 오미크론이라는 감염의 속도가 빠른 녀석이 몰래 들어와

부담스러운 상황,

격변의 시기와 함께 맞이하는 새해 아침,

속사람의 보호막이 깨질까 봐 마음이 어렵습니다.

두려움 때문에 자꾸 긴장하게 되고 통제하려는 경향이 발동하여

자신의 안전만을 선호하다 보면

나를 통한 선한 영향력이 나타나는 데 소홀해집니다.

때로는 문제가 그냥 흘러가도록 보내주어야 합니다.

아픔도 상처도 가도록 놓아주시면 됩니다.

그것이 모순된 현실이다 할지라도 말입니다.

실패도 서운함도 후회할 만한 시간들도 그냥 그렇게 떠나보내고

아직, 새로운 희망과 기대가 확신되는 것은 아니지만
또 새로운 미래를 품습니다.

"푯대를 향하여 그리스도 예수 안에서 하나님이 위에서 부르신 부름의
상을 위하여 달려가노라"(빌 3:14).

안정감

돌아보면 우리는 사회 환경, 관계, 눈에 보이는 것들에
조종을 당합니다.
두려워서 안정감이 흔들려 끌려가듯 하는 시간 선을 걷습니다.
좀 더 안전하고 안정감 있는 삶을 추구하는 것이
결코 나쁜 것은 아닌데 말입니다.
문제는 진정한 안전을 어디에서 찾을 것인지
알아야 한다는 것입니다.
눈에 띄는 물질의 본질이 가장 안전한 길이라 생각하지만
부와 물질의 세계는 우리를 집착하게 만들어
결국 실망시킵니다.
가진 것에 자족하는 마음이 무너질 때
염려와 두려움에 붙들리는 것 아닐까요?

어떻게 해야 안정감을 누리며 살아갈 수 있을지
잠깐 생각해 보십시오.
내게 주어진 것에 소망을 둘 것인가?
아니면 무제한 '무한리필'을 해주시는
아버지께 소망을 둘 것인가?
문제는 소유하고 소유해야 할 것들에 믿음의 근거를 두면
염려와 두려움이 함께 공존하게 된다는 것입니다.

그러나 하나님은 약속하십니다.
"내가 너희를 버리지 아니하고 떠나지 아니하겠노라!"
"공중 나는 새를 보라. 들의 백합화를 보라."
자기 형상으로 창조하신 우리들을
새보다, 백합화보다 못하게 하시겠습니까?
그러므로 내일 일을 위하여 염려하고 있다면
여러분에게 있어야 할 것을 이미 다 아시고
그의 아들까지 내어 주신 하나님을 신뢰하십시오.

예수 그리스도가 나의 목자이심을 믿을 때
가장 안전한 곳으로 인도함을 받으며
영혼의 안정감을 누리게 될 것입니다.
진정한 안전을 위한 열쇠는
우리 주 예수 그리스도 안에 있습니다.
하나님을 사랑하고 그 말씀에 순종하고,
먼저 그 나라와 그 의를 구하고
주일을 거룩히 구별하여 지키며
주권을 하나님께 맡김으로 섬기고
그의 영광 가운데 풍성히 공급하실 줄을 믿고 바라봄이
안정감의 열쇠가 아닐까요?
이 한 주간도 인생의 진정한 안정감의 열쇠를 가지고
세상을 정복하고 다스리기를 주의 이름으로 축복합니다.

"그러므로 우리가 담대히 말하되 주는 나를 돕는 이시니 내가 무서워하지 아니하겠노라 사람이 내게 어찌하리요 하노라"(히 13:6).

새날 새 아침

인생을 춤으로 보게 되면 자족할 수 있답니다.
목적이 있으면 걷게 되고
일상이 목적이 되면 그 일상은 새롭게 난 길입니다.
지금은 코로나19 팬데믹으로 사람과의 거리가 멀어져
나와 나의 거리까지 적당한 거리를 유지하려고 합니다.

홀로 있다,
갇혀 있는 것 같다,
누구도 가까이할 수 없다.
이러한 안팎의 환경이 우울을 조장하여
음산한 곳으로 숨어듭니다.
커피 한 잔의 여유를 즐기던 일상이
이제는 혼자 있는 시간들로 자신을 관리해야 하는
코로나19 광야를 지나고 있습니다.

이것까지도 즐기면 일상이 뮤직이 되고
그 의미가 달달하여 하늘을 올려다보며 두 손을 들게 되겠지요.

새해 새 아침에 다짐을 해봅니다.
시간을 잘 관리하고 싶습니다.

체력, 영성도 잘 관리하고 싶은데 말입니다.
사람들과의 관계에서도 좀 더 유연해지면 합니다.
빼놓을 수 없는 경제관리도 잘했으면…
하나님께서 내게 허락하신 인생의 시간들을
허투루 쓰지 않으면 합니다.

그래서 새해 새 아침!
30분 루틴을 만들어 보면 어떨까요?

아침에 눈을 뜨는 순간
가까이하지 말아야 할 것 세 가지와 약속하기
첫째, 휴대폰 먼저 손에 들지 않기
둘째, 침대에서 잠의 여운을 즐기지 않기
셋째, TV 리모컨 내려놓기
쉽지만 결코 쉽지 않은 습관들입니다.

'아침의 30분 루틴'을 이렇게 정해볼까요?
2분 선포의 시간!
"나는 오늘 행복할 거야."
"참 감사한 오늘이야."
"오늘도 좋은 일이 많을 거야" 등
스스로 되뇌는 말이 아니라 선포하는 것입니다.

3분 큐티!
새해 새 아침부터 아침 편지를 다시 쓰려고 합니다.
편지를 읽는 것도 좋고
말씀을 묵상하면서 적용점을 생각할 때
하나님과 만남의 시간을 갖게 될 것입니다.

5분 감사일기 쓰기!
오늘 하루를 열면서 일상이 시작되기 전
선불 감사를 해보는 것 어떨까요?
"오늘 이렇게 해 주실 줄 믿습니다."
"오늘 누구와 연락하고
좋은 소식들을 나눌 수 있게 해 주셔서 감사합니다."

5분 핵심 일정 우선순위 정하기!
핵심 일정, 중요한 순서부터 우선순위를 정해보는 것입니다.

5분을 어떤 방법으로 어떻게 행할 것인지를
짜임새 있게 만들어 실행합니다.

10분 정리와 티타임을 가져보십시오.
열심히 달려온 20분에 대하여 선물을 주듯이
10분의 여유를 가지고 정리합니다.

새날 새 아침 우리 함께 해볼까요?

하루아침에 안 될 수도 있어요.

하지만 안 하면 못하는 거고,

해보면 또 할 수 있는 근력이 생길 것입니다.

이것이 의미 있는 인생을 위한 30분의 기적이 아닐까요?

"어떤 사람은 병거, 어떤 사람은 말을 의지하나 우리는 여호와 우리 하나님의 이름을 자랑하리로다"(시 20:7).

그럼에도 불구하고

자신을 이긴다고 하는 것은 결코 쉬운 일은 아닙니다.

장벽 앞에서 인내하지 못해 지나고 나서야 후회하고,
무엇이 옳고 그른지 분별하지 못하는 것도 아닌데
조급함을 다스리지 못해 급기야 자기 비난을 하고 말았습니다.

잠시 동안만이라도 멈추어 생각한다면,
그 결과는 최선이지 않을까요?
아무리 지금의 환경이 어떻게 할 수 없다고 할지라도
더 적극적이고 더 좋은 방향은 없을까
생각할 줄 아는 지혜가 필요합니다.

삶의 시간 속에서 어떤 일,
어떤 문제, 어떤 상황 때문에 낙망할 때도 있습니다.
다시 일어설 수 있는 용기를 잃을 때도 있고
사방을 둘러봐도 희망의 기미가 보이지 않아
절망감에 솜털이 서지만
내 눈에 보이는 것이 다는 아니란 겁니다.

내 생각, 나의 한계, 나의 눈높이는 내가 보는 것뿐이지만 위로 보니 하늘이 보이니 말입니다.
불가능하게 보이고 절망의 늪에 빠져 있는 것 같지만
아버지는 어렵고 힘든 이 시간이
나를 알아보는 시간임을 깨달으라 하시며,
환난을 오히려 축복의 기회로 삼아
그럼에도 불구하고 아버지는 일하심을 보이시니,
짐이 무겁다고, 내가 너무 힘들다고
쉽게 포기하거나 낙심할 일은 아닙니다.
예수 그리스도와 연합된 사람은
전에 붙잡았던 나의 견해를 다 내려놓는 것입니다.

주께서 나를 보시는 관점은
그럼에도 불구하고 수용하고 용납하며
나 자신에 대한 주장과 권한을 포기하는 것입니다.

"예수께서 이르시되 너희는 기도할 때에 이렇게 하라 아버지여 이름이 거룩히 여김을 받으시오며 나라가 임하시오며"(눅 11:2).

고독과 고립

옆에 사람이 있어도
오히려 없을 때보다 더 외로운 순간이 있습니다.
가까이 있으니 기대하게 되고 그 기대가 무너질 때,
내가 만들어 낸 것이니 오롯이 실망도 내 몫이 되어 버립니다.
사실상 그 사람은 아무것도 한 것이 없는데
습관적으로 다른 이에게 원망의 화살을 쏩니다.
혹시 사역을 하면서, 아니면 직장 근무를 하면서,
가족, 친구, 혹은 교우 관계에서
고립되었다는 생각이 든 적 있으십니까?
그 고립의 순간이
하나님과 친밀해지는 기회가 되기를 소망합니다.
막막한 상황에 맞닥뜨렸을 때,
어떻게 해야 할지,
어디로 가야 할지,
무엇을 해야 할지 몰라
자신의 한계를 직면하므로 스스로 함몰될 때
주는 돕는 이심을 확신하고 그를 신뢰하십시오.

왜냐하면 어차피 인생사가 나로서는 안 되는 것들이 있습디다.
홀로 있다는 생각이 든다면,

외롭다는 생각으로 함몰된 것 같다면,
오히려 그 외로움이 고독이 되게 하십시오.
"혼자 둘 때가 오나니"(요 16:32).
혼자 둘 때는
하늘 아버지와 친밀해질 수 있는 길이요 통로가 될 것입니다.
그리고
나만 외롭다는 생각,
나만 혼자라는 생각을 접고
도움이 필요한 누군가를 향해
눈을 돌리고 시간을 돌리고 마음을 돌려 보세요.
예수님께서는 당신을 위해 십자가에서
영적 전쟁을 승리해 놓으셨고 우리는 그 길을 가고 있습니다.
멋진 한 달을 또 걸어보며 하나님의 나라를 확장하고
그의 나라와 그의 의를 만들어 가시기를
주의 이름으로 축복합니다.
당신은 하나님이 보시기에 존귀한 그의 자녀입니다.

"그런즉 거짓을 버리고 각각 그 이웃과 더불어 참된 것을 말하라 이는 우리가 서로 지체가 됨이라"(엡 4:25).

말 그릇

말에는 온도가 있어서
화상을 입기도 하고 냉동시킬 수도 있습니다.
짐승은 길들일 수 있는데 사람의 혀는 길들일 수 없어서
하나 되게 하지 못하는 원인이 됩니다.

너와 내가,
나와 부모가,
이웃과 이웃이,
교회인 성도 간에,
연합을 이루어 천국을 이룬다는 이 사실을
잊어버리지 않으면 합니다.
가까운 사람들과 작은 연합을 이루십시오.

왜냐하면 '하나 됨'을 위해 창조되어
우리 하나님 아버지를 찬송하고
그를 예배하며 하나 됨으로 영광을 돌리기 때문입니다.
더 나아가 연합은 영적인 성숙의 지표이며,
하나 되지 못하는 결정적인 요인을 참지 못함에서 비롯됩니다.

피차 실수가 많음을 이해하십시오.

호흡이 있는 사람은 모두 실수가 있습니다.
그러므로 피차 인정하고 격려하며 이해할 때
이 무더운 여름날의 시원한 얼음냉수 같은 사람이 아닐까요?

다음으로는 사랑의 연료 탱크를 체크하십시오.
주님의 음성에 귀를 기울인다면 자기 권위를 내려놓습니다.
하나님과 더 깊은 교제 가운데 들어간다면
그 어떤 누구도 내게 유익했음을 고백하게 되어
합력하여 선을 이루신 하나님을 발견하게 될 것입니다.

그렇습니다.
아버지를 찬송한다면 그 입으로
하나님께서 창조하신 일들과 사람에 대하여 저주하는 것이
마땅한 일이 아님을 알게 되는 것 아닐까요?
당신의 오늘을 축복합니다.

"한 입에서 찬송과 저주가 나오는도다 내 형제들아 이것이 마땅하지 아니하니라"(약 3:10).

기본적인 신앙생활

인간의 모든 문제의 해결은 하나님께 있습니다.
그러기에 하나님의 은혜를 사모하고 그를 갈망하는 것입니다.
하나님의 은혜는 우리의 욕구를 채워주는 것이 아니라
필요를 채우시는 것입니다.

만일,
하나님의 은혜가 우리의 욕구를 채우는 것에 있다면
세상은 온통 난리겠지요.

윤리도 없고,
도덕도 없고,
질서도 없고,
노력도 없고,
사랑도 없고,
심지어 예수 그리스도의 은혜도 더 이상 필요치 않을 것입니다.

그러기에 우리들이 오늘 놓치지 말아야 할 한 가지는
누군가를 만날 때
하나님 앞에서 그 사람의 참된 필요가 무엇인지
발견하는 것입니다.

머리가 아프다고 해서 정말 머리가 아픈 것일까?
몸살이 났다고 해서 오미크론 바이러스에 감염된 것일까?
자기에게 집중되어 있는 사람은
내가 이러니 저도 이럴 것이라고 생각합니다.

그가 웃고 있지만 울고 있을 수 있습니다.
말하고 싶지 않지만 말하고 싶을 수도 있습니다.
울고 싶지만 마음 놓고 통곡할 자리가 없을 수도…
아무리 예리한 사람이라도 사람의 깊은 속을 드러내지 못하고
깊은 상태를 만질 수 없음이 사람입니다.
그렇다면 이제 내 능력 밖의 부분은 하나님께 맡겨 드립시다.

도울 수 있는 것은 최선을 다해 돕지만
능력 밖의 일은 저에게 긍휼을 베풀어 주시기를 중보하며
기도로 도웁시다.
어젯밤부터 비가 내립니다.
차라리 마음이 시원해집니다.
누군가의 눈물도 이 비에 씻겨 내려가면 좋겠습니다.

"예수께서 그들을 보시며 이르시되 사람으로는 할 수 없으나 하나님으로서는 다 하실 수 있느니라"(마 19:26).

닮다-담다

우종영이라는 나무 의사는
삼십 년이라는 세월 동안 나무를 돌보며 살아오다 보니
이제는 나무처럼 살고 싶기까지 하단다.

정나미가 떨어질 정도로 질긴 생명력을 가진 아카시아나무,
생의 의지를 엿보곤 마음이 숙연해진단다.

등나무는 혼자 줄기를 뻗지 못해
두 줄기가 기대어 동아줄을 꼬듯
서로를 엮어가며 자라는 모습을 보고는
지금 함께하고 있는 만남의 소중함을 되새긴다니

무의식중에 누군가를 닮아 있기도 하고
닮아 있는 누군가를 담고 보니 우리들도 그러기는 그런갑다!

예수님과 함께 십자가에 못 박혔다는 증거는
내가 그분과 뚜렷하게 닮는 것인데,
재조정되어야 할 나의 삶 안에
예수님의 영이 들어와 주인 되시면 좋겠습니다.

성령은 육체라는 집에서 절대로 손님으로 계실 수는 없는데,
그는 들어와 나의 삶의 전 영역을 지배하고 싶답니다.

이거 아십니까?

내가 나의 '옛 사람'을 예수님의 죽음과 일치되기를 결단하면
그때,
성령이 나를 점령하기 시작하여
나의 모든 것을 주관하신다는 것을요.
우리 인성이 하나인 것처럼 거룩도 예수님 외에 없습니다.
예수님을 사랑하면 하나님은 그 거룩을 내게 부어주십니다.
예수님의 사랑을 내 안에 담으면 예수님의 멍에는 쉽습니다.

그렇게 그런 모습을 닮고 담아
인생의 한 자락을 함께 그려보십시오.
그것이 예수님과 같은 모양으로 연합한 게지요.

"만일 우리가 그의 죽으심과 같은 모양으로 연합한 자가 되었으면
또한 그의 부활과 같은 모양으로 연합한 자도 되리라"(롬 6:5).

끝이 좋은 사람

인생이 어떻게 시작했는가보다 어떻게 끝내는가가 중요한 것은
시작보다 끝이 중요하기 때문입니다.
무슨 일이든지
어떤 일이든지
시작보다 끝이 아름답고 가치 있다면 오늘의 여정은 꽃입니다.
돛이 없는 배는 아무리 멋지고 값비싸다고 해도
한낱 바람이며 그 바람으로 표류할 뿐입니다.
분명한 목적도 없고 방향도 없이 항해하고 있는 인생이라면
끝자락에 무엇 때문에 왔는지 어떻게 왔는지조차
짐작하지 못할 수도…

그래서 우리에겐 주님이 필요합니다.
이제는 안일한 상태를 깨고 밖으로 나와야 합니다.
한 사람의 범죄로 말미암아
사망이 그 한 사람을 통하여 왕 노릇 했다면
이제는 예수 그리스도로 말미암아 생명이 왕 노릇 하도록
우리 자리를 내어드려야 합니다.
상황과 현실에 우리를 맡길 수는 없습니다.
믿음의 사람들이 특별해서가 아니라
그들은 마음이 달랐고 그의 영이 달랐습니다.

요셉이 그랬고,
다니엘이 그랬고,
다윗이 그랬습니다.
그렇다면 우리도 그래야 합니다.

날마다 주의 은혜의 능력으로
현관문을 나서고 발걸음을 떼며 하늘을 봐야 합니다.
하나님께서 보내신 이,
예수 그리스도를 믿는 것이,
그의 이름을 믿고 신뢰하는 것이
은혜이며, 선물입니다.

이것이 회복입니다.
이것이 성공입니다.
이것이 인생이어야 합니다.

때로 가장 힘든 도전은 단순한 일입니다.
지금보다 하나님의 말씀을 더 믿는 것입니다.
우리에게 맡기신 나의 인생에서
표류하도록 내버려 둔 것일까요?

아닙니다.
그는 영원한 선물이신 예수 그리스도의 이름으로

간구할 때 응답하시고,
환난당할 때에 그를 건지고 영화롭게 하셔서
다스리는 삶을 살게 하십니다.

"하나님이 이르시되 그가 나를 사랑한즉 내가 그를 건지리라 그가 내 이름을 안즉 내가 그를 높이리라"(시 91:14).

5월의 수채화

나 자신이 초라하게 보이는 것은
여전히 유혹에 흔들리고 소중한 시간들을 나태하게 보내며
허비하는 것을 발견할 때인 것 같습니다.
이전의 습관을 버리고 생각과 마음과 언어와 감정을 다스려
영적으로 성장했으면 하는 바람을 갖는데
여전한 모습으로 4월을 보내고
5월의 아침 창을 열어 봅니다.

거울에 비친 내 모습은 변함없이 여전한 것은 아닐까?
하나님을 안다는 것과 그 은혜의 깨달음은
어제의 안경으로 오늘을 조명하는 가치관을
과감히 깨부수는 용기이며 도전입니다.
이전까지 쓰던 안경을 벗어버리고 새로운 안경을 써도
쓰다 보면 변함없는 일상 속에서
유기해버리고 마는 습관이 스며드니
어찌할 수 없는 연약한 인간입니다.

그러나
5월은 진리를 알되 밝히 알았으면…
그 진리의 색깔이 좀 더 짙어 성화의 단계로 진입했으면 합니다.

성화는 어떤 유혹이나 시련이 없는 완성된 상태가 아니라
이전에는 보지 못하던
더 높은 차원의 정상이 있다는 것을 발견한
겸손하고 겸허한 마음입니다.
묵시,
곧 말씀을 밝히 알면 전인격적으로 하나님을 알게 되고
그 하나님의 옷자락 안에서 기도로 친밀도를 높이고
감사로 꽃을 피우며 5월의 수채화를 그리게 될 겁니다.

희망찬 5월,
녹음이 짙어가듯 믿음의 활력이 넘치는 계절을
마음껏 기도로 준비해보시는 것은 어떨까요?
기도는 자기 극복입니다.

"하나님의 묵시를 밝히 아는 스가랴가 사는 날에 하나님을 찾았고 그가 여호와를 찾을 동안에는 하나님이 형통하게 하셨더라"(대하 26:5).

드라마 같은 인생

들판이네 집에 사는 이삭이는
초록 옷을 벗고 노란 옷으로 갈아입었습니다.
갈아입느라 스치는 소리도 없이
조심스레 티 내지도 않고 가을이 온 게지요.

티를 좀 내도 되련만…
일상에서 주어진 시스템 따라 조작된 기계도 아닌데
자연의 이치에 따라 차곡차곡 영글어 갔으니
고개를 숙이게 되는 것 같네요.
비바람 동반하여 지나간 태풍의 자리에서
묵묵히 제 몫을 감당한 이삭이처럼
어제와 오늘이 그저 그날 같으나
하나님은 영글어 가게 만드시네요.

말씀의 약속을 통해 어김없이,
그리고 빈틈없는 그의 이야기는 곧 나의 이야기인 것을…
그래서 주와 은혜의 말씀에 부탁드리고
오늘을 나서는 발걸음에 찬사를 보냅니다.
우리를 깨우치기 위하여 기록된 말씀들로
매일의 양식을 삼고 그 율법을 즐거워하고 주야로 묵상하여

이 가을에 열매 맺는 이삭이처럼
열매 맺기를 소망하고 소원합니다.

아직은 다 기록되지 않은 미완성 같지만
끝은 분명 아름다운 happy ending일 것을 믿기에
세상에 머물기가 만만하진 않지만
고난이 기다린다 해도 그저 일어서 봐야겠습니다.

하나님의 이야기가 지금 내 인생의 이야기이기에,
눈물로 백신을 맞고 면역력을 높여
하나님의 사람으로 견고히 서서
하나님이 써 내려가시는 동화요,
살아 있는 이야기를 완성해야겠습니다.

베드로, 요한, 야고보처럼 바울을 인도하지 않으신 것처럼,
우리도 각자 다른 방식으로 하나님은 인도하시며
각각 가지고 있는 특성대로 사용하시지만
동일한 것은 우리의 속사람이
하나님의 성품으로 변화하기를 기다리신다는 겁니다.

이삭이는 모판에서는 가냘프기 짝이 없는 연둣빛으로
양분을 먹고 점점 키가 자라면서 초록빛으로
끝내는 노오란 옷으로 갈아입었으니

이게 원래의 모습인 게지요.

하나님의 생각을 아는 그리스도인은
예수님의 이야기가 곧 나의 이야기가 되도록
거룩과 성화의 옷으로 갈아입습니다.

도전해볼까요?

"내가 하는 것이면 율법주의"고,
"하나님이 하시면 은혜"입니다.
하루아침에 이루어지진 않겠지만
수없이 넘어짐과 일어남을 반복하다 보면
사랑과 믿음의 습관의 근육이 만들어지겠지요.

"그가 권함을 받지 아니하므로 우리가 주의 뜻대로 이루어지이다 하고 그쳤노라"(행 21:14).

최고의 효과를 위한 1분 칭찬

소중한 걸 잃어버린 것은 아닐까.
말해줬어야 하는데 그만 망설이다가
몇 번이나 하려 하다가 말하지 못하고
그냥,
들어주지 못하고 말해주지 못하고 그렇게 보낸 건 아닐까.
만약,
하지 못한 말이 있다면 오늘, 지금이 기회예요.

미안하다.
고맙다.
수고했단 그 말 한마디가
누군가에게는 살 힘이 되고 이겨낼 용기가 되고
장벽을 뛰어넘을 에너지가 된다면
오늘,
그 뜨거운 감정을 식힐 필요는 없을 것 같네요.

1분 칭찬을 해볼까요?

우선 30초,
일을 잘했을 때 곧바로 칭찬하기

잘한 일을 구체적으로 말해주기
잘한 일에 대해 얼마나 좋게 평가하고 도움이 되었는지 말하기
나의 이야기를 듣고 스스로 만족감을 느낄 수 있도록
잠시 침묵하기

남은 30초,
앞으로도 계속 잘할 수 있도록 격려하고
상대방에게 용기와 자신감을 북돋워주고
그의 성공을 지원한다는 점을 명확히 밝혀준다면…

그는 당신 때문에 행복하다 말할 겁니다.
행복한 아이는 행복한 어른이 된답니다.
부모가 불행한 상태에서 아이를 가르치면
아이에게 불행해지는 법을 가르치는 것과 같다는 말이 있으니
주 안에서 다양한 삶의 기쁨을 알았으면 합니다.

"그들이 서로 말하되 길에서 우리에게 말씀하시고 우리에게 성경을 풀어 주실 때에 우리 속에서 마음이 뜨겁지 아니하더냐 하고"(눅 24:32).

영적 온도 조절 장치

만약 어떤 중요한 것을 누군가에게 전달해야 한다면
잘 포장한 다음 주소를 기록하고 메모를 남겨
그것을 배달부나 혹은 어떤 사람에게 부탁할 것입니다.

그런데 부탁받은 사람,
혹은 배달부가 전달해주는 것이 아니라
자신이 포장을 뜯어 취하게 된다면…

배달부,
택배기사는 자기의 것이 아닌 줄 알기에
중간에 가로채거나 자기 소유라 주장할 수 없는 것입니다.

다만
맡은 사람은 맡긴 분의 의도를 알고
그것을 전달하는 역할을 하는 것입니다.

내가 주인이라는 생각을 멈추고
하나님의 전달자로 자신을 바라볼 때
그분의 메신저요, 그분의 배달부가 되는 것임을
랜디 알콘의《기빙》에서 말합니다.

* * * * * * *

그렇습니다.
모든 산 것은 온도 조절 장치가 있습니다.

스스로 체온을 조절하므로
건강을 유지하고 정상적 삶을 살아갑니다.

우리 각자가 가지고 있는 가치관에 따라
부의 기준도 다르고 관계의 기준도 다르지만
중요한 것은 창조주이신 하나님께서
각자의 삶의 자리로 보내셨습니다.

온도 조절 장치를 내재하여 심부름을 보낼 때 일러준 말씀
즉, 보낸 분의 의도를 놓치지 말아야 합니다.

다른 종류의 관계를 원하지만
하나님은 영원을 위해
없어지지 않는 영원한 것에 마음을 투자하라고 합니다.

선한 행위가 우리를 구원할 수는 없지만
이것은 구원하신 결과이며 영적인 온도 조절 장치입니다.

오늘은 점검해볼까요?

하나님과 나와의 관계,
나를 향한 그분의 기대와 의도,
영적 온도 조절 장치에 문제가 없는가?

그리고
내 이웃에 대한
관심,
이해,
책임,
존경,
주는 것의 온도 조절 장치는?

만약 문제가 있는 것 같으면
A/S를 예수님의 이름으로 의뢰하십시오.

"우리는 그가 만드신 바라 그리스도 예수 안에서 선한 일을 위하여 지으심을 받은 자니 이 일은 하나님이 전에 예비하사 우리로 그 가운데서 행하게 하려 하심이니라"(엡 2:10).

갑작스런 방문

가끔 전혀 기대하지 않는
만남이 이루어질 때가 있습니다.
인간적인 계산과 측정의 범주를 벗어나
뜻하지 않은 갑작스런 주님의 방문!

사실,
얼마나 많은 헤아림이
하나님과 나,
이웃과 나,
나와 나 사이를 갈등하게 하고 번민하게 했는지…

그리고
철저한 나의 계산 앞에서
크고 좋은 것은 내 것이어야만 했습니다.

예수님께서
성전에 들어가셔서 매매하는 사람들,
돈 바꾸는 사람들, 비둘기 파는 사람들의
상과 의자를 둘러 엎으시고 내쫓아 버렸습니다.

그곳에 예배가 없었기에,
그곳에 희생 제물이 없었기에,
그곳에는 계산만 있었기에…

성전이 성전의 기능을 잃으면,
성전이 성전답지 못하면
더 이상 성전이 아닌데 말입니다.

하나님께서 역사하시도록 비우는 법을 배우고
하나님께서 원하시는 대로 우리의 삶에 기꺼이 간섭하시도록
마음의 안방을 내드리는 준비를 해야겠습니다.

우리가 예상한 특별한 방법으로
주님께서 오실 것이라는 기대는 버리십시오.

그는 내 생각과는 다른 방법,
내 길과는 다른 길로 오십니다.

뜻하지 않은 곳에서
생각지도 못한 방법으로
극히 자연스러운 자리에
어느 때나 상관없이 그가 가장 기뻐하시는 때에
내 삶을 찾아오십니다.

여러분이 호흡하는 그 자리에 주님이 오늘 오십니다.

"그러므로 너희도 준비하고 있으라 생각하지 않은 때에 인자가 오리라 하시니라"(눅 12:40).

약속

삶의 모든 전반에 쓸 것들이 발생하고 그 쓸 것 때문에
마음이 조급하고 중독이 될 정도로 초집중하지만,
돌아오는 것은 방향을 잡지 못해
혼돈과 공허와 흑암의 시간 선에 잠식해 버릴 때가 있습니다.

그런데 여러분, 이것을 알고 계십니까?
모든 약속에는 전제조건이 있다는 것을 말입니다.
우리가 몇 시에 만나기로 하든지,
무엇을 하기로 했든지,
어떻게 하자든지 합의가 이루어지고 그 행동이 동반될 때
약속이 이뤄진다는 것입니다.

하나님의 약속은
너희 관용을 모든 사람에게 알게 하라고 하십니다.
그리고 누구를 만나든지
마음을 넓혀 관대하기를 말씀하십니다.

왜요?
나의 작은 베풂이 다른 이를 격려하고
현세와 내세를 위한 확실한 투자이기에

심은 대로 거두기에 그렇습니다.

보험에 있어서 증권을 잘 보관하는 이유는
내가 납부한 것에 대한
약속과 권리가 보장된 내용이 들어 있기 때문입니다.
실효가 되지 않으면 문제가 발생하고
만기가 되면 환급을 받듯이…

그러므로
성경을 통해 어떤 내용들이 기록되었고
나를 향한 약속이 무엇인지 알게 되면
하나님의 자녀로서 당당하게 누리게 되는 특권은
당연한 것입니다.

"나의 하나님이 그리스도 예수 안에서 영광 가운데 그 풍성한 대로 너희 모든 쓸 것을 채우시리라"(빌 4:19).

실상과 허상 사이에서

때로 내가 누구인지 모르겠습니다.
내게 주신 성소가 무엇인지 진정으로 알고 싶다가도
어느새 자신의 감정과 자기연민에서
빠져나오지 못하니 말입니다.

시작과 끝이란 내가 정할 수도 없고
들여다볼 수도 없는데
한순간도 손목에서 풀어놓지 못하는 시계지만
인생의 시계가 지금 몇 시를 가리키는지 알 수 없습니다.

알파와 오메가를 알지 못하는 우리들이 만난 실상은
무덥지만 희망찬 7월 첫날 아침입니다.

옛 어른들의 말에
은혜는 돌에 새기고 아픔은 물에 새기라 했습니다.

무슨 말일까요?
은혜는 잊지 말아야 하고 아픔은 잊으라는 겁니다.

그래서 바울 사도는 말했습니다.

"오직 한 일, 즉 뒤에 있는 것은 잊어버리고
앞에 있는 것을 잡으려고
푯대를 향하여 그리스도 안에서
하나님이 위에서 부르신 부름의 상을 위하여 달려가노라."
자신의 결의를 다짐한 것이지요.

인생의 시계는 그럴싸하게 보여도
판단 착오를 불러일으키는 고약한 물건이어서
허상을 보고 좇아가게도 하고
푯대 없이 바라보는 실상 앞에서
무릎을 꿇게도 하는가 싶습니다.

벌은 꽃에서 꿀을 따지만
꽃에게 상처를 남기지 않는답니다.

오히려 열매를 맺을 수 있도록 꽃을 도와준다면
7월은 나를 통해서 상처가 남지 않으면 얼마나 좋을까 합니다.

사람과 사람 사이에도 꽃과 벌의 관계가 이루어진다면
서로의 관계가 실상이 될 것이고,
섬광처럼 빛나기는 하나
얼마 지나지 않아 도움이 되지 못한다면 허상인 것입니다.

영적 세계는 실상입니다.
우리 자신의 힘과 능력으로 살아가라고 부추기는
세상의 논리는 제대로 지탱할 수 없는 갈대 하나에 불과합니다.

그러므로
손에 든 등불이 밝게 보일지 모르나
한밤의 어두움을 몰아내지는 못합니다.

기도의 가치를 회복하는 7월의 아침입니다.

"볼지어다 내가 문 밖에 서서 두드리노니 누구든지 내 음성을 듣고 문을 열면 내가 그에게로 들어가 그와 더불어 먹고 그는 나와 더불어 먹으리라"(계 3:20).

습관의 터널

더 나은 물건이 있을 때 쓰던 것을 정리합니다.
더 나은 선택을 위해서는 지난 이야기조차 뒤로 합니다.
더 나은 내가 되라고 성경은 옛 사람을 벗으라 하십니다.
나다운 내가 되기 위하여 비워내야 할 것들이 무엇일까요?

옛 습관,
옛 언어,
옛 태도가 바뀌지 않으면
오늘을 살고 미래를 기대하나 옛 사람인 것을…

자기에게 함몰되어 있으면
상대방에 대한 이해,
이웃에 대한 배려,
함께 가는 이들에 대한 존중이 없습니다.
그리고
하나님과의 관계만 열심입니다.

아닙니다.
마음을 다하고 뜻을 다하며 성품을 다하여
주 너의 하나님을 사랑하고

네 몸처럼 이웃을 사랑하는 것이
율법의 전부요, 성경의 가르침입니다.
장성함이란 단순하게 육체 덩어리를 말하지 않습니다.
더도 말고 덜도 말고 거룩한 하나님의 형상으로
최적의 상태가 되는 것을 말합니다.

실이 끊긴 연을 보셨습니까?
하늘에 높이 떠 있긴 합니다.
그러나 연줄이 끊긴 연은 얼마 가지 않아 곤두박질하며
어느 나뭇가지에 걸려있게 되는 것이
연줄이 끊긴 연의 마지막 모습입니다.
더 나은 나를 위한 장성한 사람의 기준은
오직 사랑 안에서입니다(엡 4:13~15).
한 주간
상대방에 대한 관심과
이해와 존경함으로 책임감을 가지고
시간과 마음과 에너지를 주는 것을 실천해보면 어떨까요?

"내가 어렸을 때는 말하는 것이 어린아이와 같고 깨닫는 것이 어린아이와 같고 생각하는 것이 어린아이와 같다가 장성한 사람이 되어서는 어린아이의 일을 버렸노라"(고전 13:11).

MEMENTO MORI

어느 무신론자는 메멘토 모리를 외치다가
그 자리,
그 흔적을 남기고 훌훌 오늘을 벗었다.
로마 원정에서 승리한 장군이
지금을 즐기라고 노래한 메멘토 모리,
그러나 현세의 덧없음을 기억하여
내세를 소망하며 살라는 것이 메멘토 모리다.

젊어서는 알지 못했던 것들이
나이가 들어서 알게 되니
이 또한 익어가는 것이려니 위로가 되고
아침에는 헤매던 것이
저녁에는 제자리를 찾으니
자연의 이치인가 싶다.

자신을 향하여 무신론자라고 했던 이가
창조주 하나님을 알고
마지막 노트에 눈물 한 방울을 그린 것은
죽음과 독대하는 솔직한 한마당이었네그려.
본 적도 없고

다만 글로, 책으로
매스컴을 통해 그를 보았을 뿐인데
그의 눈물 한 방울의 의미를 알 것 같으니
묵직한 무언가가 심장을 다독이고,
전도자의 글이 눈에 들어온다.

"나에게 남아 있는 마지막 말은 무엇인가?"

그렇다.
늙어서 죽음을 알면 조급하고 두렵겠지만
한 살이라도 젊어서 죽음의 끝을 안다면
하루,
한 시간,
매 순간이 감사요 기쁨이며 희열일 것인데…

허울 좋은 모습이지 않게 하소서,
오늘 밤,
나를 방문한 MEMENTO MORI

     故 이어령 박사의 《눈물 한 방울》을 읽은 밤에

멘토링 교회 이야기

1판 1쇄 인쇄 _ 2022년 10월 21일
1판 1쇄 발행 _ 2022년 10월 28일

지은이 _ 김호연 외
펴낸이 _ 이형규
펴낸곳 _ 쿰란출판사

주소 _ 서울특별시 종로구 이화장길 6
편집부 _ 745-1007, 745-1301~2, 747-1212, 743-1300
영업부 _ 747-1004, FAX 745-8490
본사평생전화번호 _ 0502-756-1004
홈페이지 _ http://www.qumran.co.kr
E-mail _ qrbooks@daum.net / qrbooks@gmail.com
한글인터넷주소 _ 쿰란, 쿰란출판사
페이스북 _ www.facebook.com/qumranpeople
인스타그램 _ www.instagram.com/qrbooks
등록 _ 제1-670호(1988.2.27)
책임교열 _ 최진희·박소영

ⓒ 김호연 외 2022 ISBN 979-11-6143-776-7 03230

책값은 뒤표지에 있습니다.
이 출판물은 저작권법에 의해 보호를 받는 저작물이므로 무단 복제할 수 없습니다.
파본(破本)은 구입처에서 교환해 드립니다.